JN314773

サン・カルロ・アッレ・クアトロ・フォンターネ教会
S. Carlo alle Quattro Fontana

コッセオ

サント・ステファノ・ロトンド教会
S. Stefano Rotondo

サン・ジョヴァンニ・イン・ラテラノ大聖堂

世界
歴史の旅

イタリア

Heritage of
World History
Italian architecture
and its spirit

建築の精神史

池上俊一＝著
大村次郷＝写真

山川出版社

はじめに

　建築を、その建築の周囲に生きる人びととの「歴史の物語」を織りなす景物のひとつとして考えてみよう。言い換えれば、地域の住民自らが、歴史の過程で分泌していった情念や思想の結晶として、そこに建築物は立っているのだ、というようにとらえてみよう。

　地域住民の情念や思想と、それぞれの建築物の連関を正確につかまえるためには、同時代のさまざまな史料や著作家の作品を繙いてみなければならないのは、もちろんである。それぞれの建物を、誰がどんな状況下で、何を目的に、いかなる技法をもちいて建てたのかというようなデータは、基礎的な情報として押さえておかねばなるまい。しかしそれだけでは、十分な理解のためには不足だろう。建築の場合には、それが立っている「場所」において現物を見て、その存在をこころとからだで感じとる、という直接体験が、ことのほか大切である。おなじ芸術の仲間でも、基本を学び、感受性を磨き、要点さえ心得れば、目または耳だけで、いつでもどこでも鑑賞可能な文学や絵画、あるいは音楽と、建築との大きな相違はそこにある。

　つまり建物は、唯一無二のモノ＝オリジナルとして、しかも特定の場所においてのみ美的価値があるのである。絵画が、もとあった教会や貴族の邸館から美術館に移されても、鑑賞に堪えると信じられているのにたいし、建築は、もともとの「場所」でのみ、正しく鑑賞しうる。ディズニーランドやハウステンボスのような建物の複製は、道化じみたお遊びになるし、パリのノートル・ダム寺院やヴェネツィアのサン・マルコ寺院を、東京や大阪にそのままもってきたとしても、不調和なこと、はなはだしいだろう。

　イギリスの哲学者R.スクルートンが述べているように、昔も今も、人は個人的趣味・傾向のいかんにかかわらず、自分の周囲に盤踞している建物に、常住、直面せざるをえない。そして日々、そこから発散される政治的・宗教的・イデオロギー的な意味を吸収しながら、あるいはそれらをつっぱねながら生活している。建物は、教会や学校のような公共のものであれ、マンション群のような私宅であれ、それを否応なく視界に入れて生きる人びとの個人的同意や反発とは無関係に、大きく空間を占拠し、特定のヴィジョンと目的を押しつけている。これは、私たちが思っている以上に大変なことではないだろうか。

　思うに、よい建築とは、建築家や依頼主の趣味・理想にかなうかどうかだけで決まるのではなく、少なくとも、周囲の住民全体に受け入れられるかどうか、という公共的な基準によって判断されるべきであろう。そして故郷のシンボルのように思われるにいたった建

物とは、長い歴史の経過のあいだ、終始住民たちに愛され、ずっとよい建築でありつづけてきた、そうした建物のことであろう。だから「景観の権利」というのは、現在その地域に住んでいる住民たちだけが享受すべき権利ととらえるべきではなく、時代をへて累積してきた、いわば死者をも含めた地域住民の歴史的権利だと考えるべきだろう。

　建築が、現場に行ってみなくては鑑賞できない、写真を見ただけではけっして真の鑑賞をなすことは能わない、という理由は、以上述べた建築の歴史的な公共性や景観との一体性から明らかだが、それを「身体」との関係で言ってみると、つぎのように言い表せよう。

　まず第一に、建物の意味や美を探るには、「本物」の輪郭や細部を目の動きで追うとともに、それを「身体」に言い聞かせて体内で反復し、身体ごと鑑賞してみなくてはならない。壮麗な建物をまず遠望し、徐々に近づいていきながら、景観内におけるその形態の変化を追っていく。建物の間近まで来たら、ファサードそして周囲をぐるりと観察し、さらには内部に入って、部屋部屋、セクションごとに移動しつつ、視線を上下左右に移動させる。そして動きをやめないパノラマのごとく、建築の部分の配列のもたらすリズムと、部分間そして部分と全体のプロポーションを体感する。こうした身体的な体験が、建築の鑑賞には必要だということである。

　この身体移動をともなう観察によって、建築各部の重さや軽さ、ラインの堅さや柔らかさ、柱のリズムや伸展、開口部の収縮や拡張、内部空間の広さや狭さ、等々の「価値」が私たちに感じられるようになる。それは心地よかったり不快だったり、ちくちく刺すような刺激を与えたり、くすぐるような喜びをさざめかすだろうが、その価値判断は、理知にもとづくだけではなく、想像力と感情、いやまさに心身全体による判断である。いつでも重力に押しつけられ、二本足で立ち、歩み、空気を呼吸し、寒暖を肌で感ずるわれわれ人間の「身体」がなくては、建物の「価値」、そしてそれと不可分な「意味」を判断できない。建築の意味も美も、観察者の積極的関与なしには、まったくありえないのだ。

　建築の鑑賞においては、そこに「身体」を巻き込みながら判断しなくてはならないもうひとつの理由は、それぞれの建築の「美」が、その建築の「機能」と結びついているからでもある。教会なら礼拝、市庁舎なら市民サーヴィスと管理、劇場なら観劇、学校なら教育、体育館ならスポーツ競技、といったように、建物には、それぞれが充足すべき役割・機能がいつでもついてまわる。建築をよい建築だと判断するとき、鑑賞者は、かならずや「何のため」の建物か、という目的と機能を思いおこしているはずであり、それにそぐわない建築は、いくら格好よくても、彼・彼女に不自然だと思われ、不快感を与え

ることになる。

　どれほど想像力や知力を働かしても、あるいは感受性を発揮しても、画像を見ているだけでは不十分で、それが立っている現場に足を運び、現物を見ることが不可欠な建築物。これほど「歴史の旅」にふさわしい対象物はないだろう。歴史的建築物の数々においては、革新がなされるといっても、それは過去の様式や技法への立ち返りと参照なしには不可能であり、いつでも歴史の重みをうけながら新しい物がつくられる、ということを繰り返してきた。中世は古代を、ルネサンスは中世と古代を、近代は、それに先立つ時代の様式すべてを、一部保存し、一部刷新し、一部抹消しながら、そして生かすべき点を生かしながら、己の時代の新建築をつくっていったのである。

　ヨーロッパの中世都市が、同時に現代都市でもあるのはそのためであり、歴史の重層こそ、ヨーロッパ都市の隠れもない魅力であろう。ロンドンでもパリでも、中世の建築物と現代建築が同居して、それでも両者は調和し、さらに全体としてじつによく機能している。ローマならば、古代から二千年以上の積み重ねがある。この建築の重層性が、ヨーロッパ文明の懐の深さをつくっていて、ニューヨークにも東京にもない文化の余裕と叡智を漂わせている。

　だが私としては「歴史の重層」の上に、もうひとつ「地域の個性」を加えたい。建築物が教会や市庁舎のような、すべての住民たちが日々かかわりをもつ施設であればあるほど、そこには民族の、あるいは地域の住民の心性が絡まっているはずである。建築の各部分において、どのような結合や表出が好まれるのか、「時代」の特徴に加えて「地域」の個性がそれを決めよう。

　これから私が、読者の皆さんと訪れようとしているイタリアの諸地域は、今なお、当該建築物の建てられた時代とほとんど変わらぬ、風土と景観をとどめている。それが言い過ぎならば、少なくとも往古の姿をまざまざと想像できる程度にはとどめている。イタリアは、まさにそうした国柄である。「歴史の旅」にこれほどふさわしい国はない。

＊

　私は、ヨーロッパのなかでも、古代から近代まであらゆる様式の代表的建築をその国土に擁しているイタリアを好んで旅してきた。そして半島の北から南まで、それぞれの地域の個性を見届けながら、歴史的思索に耽ってきた。イタリアの歴史を、文字史料だけから知りうる姿にプラスして、いっそう深度を深めて全身で理解できればよいと願いながら、主だった建築を鑑賞して歩き回ったのである。だからその成果を詰め込んだ本書の読者の皆さんにも、そのような思索旅行を追体験していただければと願っている。もちろ

ん、そののちには、皆さんにも実際に「美しき国（Bel Paese）」に旅だってもらいたいのだが……。

　イタリア建築もヨーロッパ建築の一種であるのは事実である。しかしイタリアには、じつはヨーロッパ建築の各様式の典型的モデルをなすような建築はほとんどなく、ひとつひとつは、個別性・地域性が勝っている。しかも地域的特性は様式の諸段階を貫いて、数百年にわたってその地域の建築全体に刻印を押しているのである。だがおもしろいことに、かような千差万別の個性、あふれる多様性にもかかわらず、その多様性のつくられ方を注視すると、そこから「イタリア性」の運動が、たしかに見えてくる気がする。

　イタリア建築の目標は、ある意味でずっと「ローマ」だったのであろう。古典的規範の、他所にはない強靭さは、初期キリスト教建築はいわずもがな、ロマネスクからバロックまで一貫しているし、その後の新古典主義ももちろんそうだ。このイタリアの歴史全体を縦に貫く「ローマ性」ともいうべき特徴は、しかしながら、逆のベクトル、いま上に述べた地域的・空間的分散性や多様性と均衡しているのであり、この両者のバランスこそが、イタリアを特徴づける「イタリア性」ではないか、と私は思っている。

　ローマ帝国崩壊後、統一国家が誕生した1861年以前は、政治や社会の体制は無論のこと、方言も習俗もまだ地方ごとにバラバラで、だから「イタリア（通）史」を書くことなど不可能だし無意味だ、という人もいるほどである。ヴェネトとかトスカーナとかピエモンテといった地域やフィレンツェとかヴェネツィアのような都市ごとの歴史しかないのだ……と。それでも私は、イタリアについて、少なくとも中世から以降は、まとまった「有機体」として語りうると考えている。イタリアには「イタリア性」の独自の運動、発展の歴史があると思うからである。それを探る試みは、地理を織り込んだ歴史、歴史を組み入れた地理としてイタリアの国土を考察する姿勢につながり、まさに、言葉の真の意味での「地理」と「歴史」が融合した有機的な歴史の記述に結実しうるであろう。

　私は、こうした「イタリア性」について思いを巡らしながら、旅をつづけていきたいと思っている。建築は、一方で大地と遊離しない「場所」「トポス」の感覚と結びついているが、また他方では、そこには歴代の住民たちの願いと理想の堆積がしからしめた、地域住民の要求する社会的用途とアイデンティティーの絆が投影されている。しかしイタリアの場合には、さらに、きわめて根強い古典の規範が、そこに働きつづけていた。その点にこそ、統一国家なき時代においても「イタリア性」が育まれ、イタリア人たちを導いていくことのできた秘訣がある。

2009年5月　　　　　　　　　　　　　　　　　　　　　　　　池上　俊一

目次

第1章
円かなる黙考──初期キリスト教建築──10

　　初期キリスト教建築を歩く──19
　　　ローマ　Roma──19
　　　ペルージャ　Perugia──21
　　　マントヴァ　Mantova──24
　　　ブレッシャ　Brescia──24

第2章
海辺の白い貴婦人──プーリア式ロマネスク──26

　　プーリア式ロマネスクを歩く──37
　　　バーリ　Bari──37
　　　トラーニ　Trani──41
　　　ルーヴォ　Ruvo di Puglia──43
　　　ビトント　Bitonto──44
　　　モルフェッタ　Morfetta──46
　　　コンヴェルサーノ　Conversano──47

第3章
壁面のリズム進行──ピサ式ロマネスク──48

　　ピサ式ロマネスク建築を歩く──56
　　　ピサ　Pisa──56
　　　ルッカ　Lucca──59
　　　ピストイア　Pistoia──63
　　　アレッツォ　Arezzo──66
　　　サルデーニャ島　Sardegna──67

第4章
花咲くファサード──イタリア・ゴシックの真骨頂──68

ゴシック建築を歩く──79
オルヴィエート　Orvieto──79
シエナ　Siena──81
ラクィラ　L' Aquila──83

第5章
調和と比例──アルベルティのルネサンス──86

アルベルティのルネサンス建築を歩く──96
フィレンツェ　Firenze──96
マントヴァ　Mantova──99
リミニ　Rimini──102

第6章
ヴィッラの快楽──マニエリスト、パッラディオ──104

パッラディオのヴィッラを歩く──114
ヴィッラ・ポイアーナ/ヴィッラ・サラチェーノ/ヴィッラ・カルドーニョ/ヴィッラ・アルメリコ=カプラ(ラ・ロトンダ)/ヴィッラ・フォスカリ(ラ・マルコンテンタ)/ヴィッラ・バルバロ/ヴィッラ・エーモ

第7章
黄金のスペイン残映──バロック都市レッチェ──124

レッチェと周辺のバロック建築を歩く──134
レッチェ　Lecce──134
マルティーナ・フランカ　Martina Franca──137
モノーポリ　Monopoli──139

第8章
脈動と幻惑 —— 王都トリノのバロック —— 140

トリノのバロック建築を歩く —— 148
 トリノ　Torino —— 148
 ヴァッリノット　Vallinotto —— 158
 ブラ　Bra —— 158

おわりに —— 様式から意匠へ —— 160

- イタリア史年表 —— 8
- 建築用語集 —— 164
- あとがき —— 168
- 参考文献 —— 170
- 写真出典一覧 —— 171
- 索引 —— 172

イタリア史年表

年号	事項
前8世紀	イタリア半島南部・シチリアなどにギリシア人入植開始。
前7-6世紀	エトルリア人最盛期。
前509頃	ローマ共和制樹立。
前264-241	第1次ポエニ戦争。
前218-201	第2次ポエニ戦争。終結後南イタリア全域がローマの支配下に入る。
前149-146	第3次ポエニ戦争。
前73-71	スパルタクスの反乱。
前27	ローマ帝政開始。
96	五賢帝時代始まる。
125-128	パンテオン完成。
313	コンスタンティヌス大帝、キリスト教を公認。
330	コンスタンティノープルがローマ帝国の新首都となる。
395	ローマ帝国東西分裂。
401	ラヴェンナが西ローマ帝国の首都となる。
410	西ゴート族の侵入。
476	最後の西ローマ皇帝ロムルス・アウグストゥルス廃位、オドアケルがイタリア王となる。
490-552	イタリアを東ローマ王国が支配。
535-540	ビザンツ勢力がイタリアを再征服。ラヴェンナはその主要都市となる。
553	ビザンツ帝国により東ゴート王国滅亡、シチリア・南イタリアともビザンツ支配下に。
568-774	ランゴバルド王国および諸公国の成立。
774	カール大帝がランゴバルド王国を滅ぼす。
800	カール大帝ローマで皇帝戴冠。
827	アラブ人がシチリア侵入。
876	ビザンツ人が南イタリアを再奪取。
898	マジャール人イタリア侵攻開始。
902	イスラーム軍、シチリア全島を制圧。
962	オットー1世ローマで皇帝戴冠（神聖ローマ帝国成立）。
11世紀初頭以降	ヨーロッパ全体の経済発展とヴェネツィア、ジェノヴァを先頭とする地中海商業の展開の中でイタリアの都市は著しく成長し、コムーネ（自治都市）を形成。
1059	ノルマン人のロベール・ギスカールがプーリア・カラブリア公となる。
1061-1091	ノルマン人がシチリア征服。
11世紀後半	グレゴリウス改革。
1083	ドイツ皇帝ハインリヒ4世がイタリア遠征。
1084	ノルマン人によるローマ劫掠。
1096	第1回十字軍。以後1270年の第8回十字軍まで繰り返される。
1130	ルッジェロ2世、シチリアを王国に昇格させパレルモで戴冠。
1154-55	フリードリヒ1世（バルバロッサ）、イタリア遠征。
1183	コンスタンツの和約。北イタリアの諸都市のロンバルディア都市同盟が、ドイツ皇帝フリードリヒ1世（バルバロッサ）に自立の地位を承認させる。
1194	ホーエンシュタウフェン王朝支配開始。ノルマン朝の直系子孫が途絶え、王位継承権をもっていた神聖ローマ皇帝ハインリヒ6世が継承、シチリア王位奪取。

年号	事項
1220	フェデリーコ2世(フリードリヒ2世)神聖ローマ皇帝即位(～1250)。
1229	カステル・デル・モンテ着工。
1260	フランス王弟シャルル・ダンジューが、ローマ教皇の要請に応えてイタリア侵入。
1266	フランスのアンジュー家による南イタリア支配開始。
1282	「シチリアの晩禱」事件で、シチリア人がフランスの統治者に叛乱。アラゴン王家、騒乱に介入してシチリア王位奪取。シチリアを失ったアンジュー家により、ナポリ王国が成立。
1303	アナーニ事件。
1309-77	教皇のバビロン捕囚(アヴィニョン教皇庁時代)。
1377	教皇グレゴリウス11世のローマ帰還。
1378-1417	教会大分裂。
1406	フィレンツェ、ピサを併合。
1420	教皇マルティヌス5世のローマ帰還。
1434	メディチ家がフィレンツェの実権を掌握。
1442	アラゴンのアルフォンソ5世がナポリ王国を奪取、イタリアにおけるスペイン支配の開始。
1454	ローディの和約。15世紀にはミラノ、ヴェネツィア、フィレンツェ、教皇領、ナポリの五大勢力がイタリアの政治を左右するようになり、ローディの和約以降、政局は一応安定(シニョリーア制ないしプリンチパート制の時代)。
1494	フランス王シャルル8世がナポリの主権を主張して南下し、ナポリを占拠。教皇、神聖ローマ帝国、イタリア諸都市、スペインの攻撃により、翌年撤退。
1494-1559	11回におよぶイタリア戦争 カトー・カンブレジ条約(1559)で終結し、イタリアはスペインの支配下に入る。
1503	教皇ユリウス2世即位(～1513)。
1504	南イタリア、スペインの属州になる。フランス軍との戦いに勝ったスペイン・ハプスブルク家がナポリを支配する。
1521	イタリア戦争が、皇帝カール5世とフランス王フランソワ1世により始められる。
1527.5.6	カール5世による「ローマ劫掠」。
1545-63	トレント公会議。
1571	ヴェネツィア、キプロス島をトルコに奪われる。
1647	ナポリでマザニエッロの叛乱が起きる。
1669	ヴェネツィア、トルコにクレタ島を奪取される。
1701	スペイン継承戦争勃発。18世紀にはスペイン継承戦争の結果、オーストリアがイタリアにおける支配的勢力となる。
1707	オーストリアがナポリ領有。
1713	ユトレヒト条約。スペイン領イタリアがすべてオーストリア領となる。
18世紀後半	フランスを中心とする啓蒙思想の影響がイタリアにおよぶ。
1763-64	ナポリで大飢饉。税制、土地制度、裁判、教会特権の廃止などの改革が試みられたが、いずれも不成功。
1789	フランス革命始まる。
1796	ナポレオン1世がイタリア方面司令官に就任。
1861	イタリア統一。

第1章
円かなる黙考──初期キリスト教建築

円の象徴

　精神の運動は、完全性の象徴たる円または球から始まる。外にでて天空を見上げてみれば、壮大なる天が、球体を半分に切ったお碗型に大地を覆っているように見えるし、一日の半ばをかけて大空を移動する太陽も、灼熱の球体から大地に燦々と光輝を降らせている。より卑近なところでは、生命の源である卵の丸さも、古くから人びとの関心を惹いてきた。単一にして完全、どの部分を取っても中心から円弧までが等距離にあり、前後左右の別のない円が、人間にとって完全性・神の象徴、対立の調和であったのは驚くに足りない。

　地中海地方の先史時代においては、円形タイプの住居がもっとも古い型の住居だったという。古代ギリシアには、トロスという円形神殿があったし、また、パルテノン神殿などの神殿も、円と正方形を基準とした建物であった。ギリシア・ローマの神々がすべてこうした「完全な形態」のなかに祀られるのは、だから当然であろう。そう、ピュタゴラスが最初に考えたように、ギリシア人らにとっては、宇宙の秩序＝コスモスは調和に満ちており、もっとも美しい形とは「円」と「球」なのであった。ならば宇宙は球体であるはずだ。こうした宇宙観は、その後のギリシアの思想家とローマ人たちにうけつがれていった。しかもローマ人は、自分たちを世界の中心、宇宙の真ん中にいると考えていたのである。

　またローマの建築家ウィトルウィウス（前80/70〜前25）が「美しい比例は容姿端麗な人間の肢体に見いだされる形である。人が立って両手を広げた姿は、正方形と円で囲まれる」として、人間の体軀の完全性の理想に正方形と円を掲げたことも、ここに思い合わせてみたい。

　さて、ローマで公認され国教となったキリスト教は、礼拝の場としての聖なる建物を求めた。そして早くも4世紀初頭から、集会場所に一種の聖性を授けたいとの思いがあらわれた。そうした願いをかなえようと、コンスタンティヌス大帝（在位306〜

アテネのアクロポリスに立つパルテノン神殿　ギリシア

サンタ・カテリーナ教会　プーリア地方コンヴェルサーノ近郊にあるロマネスク様式の愛らしい集中式教会。

ラテラノ洗礼堂　ローマ

337)は、ローマとコンスタンティノープルばかりか、帝国各地に絢爛たる教会を建立して神を祀るとともに、信徒たちに広大な集会の場を提供しようとした。最初の皇帝建築でその後のモデルになった教会が、ローマのラテラノ教会(312〜324頃建立、現在のサン・ジョヴァンニ・イン・ラテラノ大聖堂、→p.19)であった。この大きなバシリカ建築により、はじめて帝国の大規模な祭儀・典礼ができるようになった。だから、「バシリカ式」という長方形のプランもイタリア建築の始原として重要なのだが、この初期の時代には、それ以上に、人類にとっての元型的な形である「円」を宿した円形ないし集中式の建築が、イタリア建築の生命を支える心臓のように、鼓動を打ち始めたことに注視しなくてはならない。

パンテオン

　その心臓の原型は、ローマのナヴォーナ広場近くにあるパンテオンである。この地区は、古代からの由緒あるローマの下町であり、入り組んだ街路には、飲食店、服飾店、日用品店などが軒を連ね、道に椅子を出して座って話に花を咲かせる老人たちも多い。地図を見ながら、狭い路地を通ってパンテオンをめざすと、ロトンダ広場に出る間際になって、それまで影も形もなかった巨大な建物が、目を疑うようなスケールで突然視界に飛び込んでくる。巨魁な建築がヌッと姿をあらわす異化効果は、抜群である。

　パンテオンは、ローマ皇帝ハドリアヌス(在位117〜138)によってパラティーノの丘近くに建てられた。着工は118年頃、125〜128年頃完成した万神殿で、ローマでもっとも重要な建物のひとつである。いく多の星霜を閲するあいだに、何度もうけた損傷からそのつど立ち直り、幸いにも今日まで創建当時とほとんど変わらぬ姿が残っている。まさに巨大な円筒にドームを被せ、入り口部分にはギリシア風のプロナオス(ポルティコ)をつけている。外周は煉瓦で覆われ、その厚さは6m20cmある。

　内部の囲壁は、各部分のプロポーションがとれ、縦横のラインは雄大に延びている。周囲の地上階(下層)には七つの大

壁龕(ニッチ)があり、そのプランは長方形と半円形が交替している。またおのおの前面に2本の円柱と2本の角柱があって、コリント風の溝と柱頭装飾がついている(高さ8m90㎝)。中央のもっとも大型の壁龕は、大きなアーチで覆われ、それは入り口の上に架かっているアーチとシンメトリーになっている。壁龕と壁龕のあいだには、ペディメント付の小祭壇が計八つある。

　この豪壮なる聖像安置室は、半球のクーポラで覆われている。その直径と、パンテオンの床から天頂までの高さは、等しく43m30㎝であり、ということはつまり、パンテオン内部には球体がピッタリ入り込むのだ。この円天井において、円は半球に拡大されているのだが、この半球は閉ざされているのではなく、頂点に円い穴が開いている。その直径は9mもあり、天窓のようにそこから燦々と光が降り注ぐ。まさに、天の中心に指定せられるのがその穴なのである。

　パンテオンが、以後のローマにおける神殿の元型となったことは当然でも、では、なぜキリスト教と結びつくのだろうか。ローマにおいてキリスト教徒は、長らく邪教信者として迫害されてきた。ローマの神々を貶め、皇帝の権力を認めず、習俗も異なるゆえ、ローマ的伝統の護持を推進する為政者には、その存在自体しごく不都合だったからである。キリスト教徒たちは迫害を逃れるため、カタコンベ(地下墓所)を集会に利用して、儀式もそこで隠れてするしかなかった。だが、彼らは迫害されてもかえって結束を強め、また住民たちのあいだへのキリスト教浸透も進んだ。2世紀前半には、早くも教会階職制が成立するなど、制度化が進展している。そしてついに、キリスト教はコンスタンティヌス帝により公認され(313年ミラノ勅令)、392年にはテオドシウス帝(在位379〜395)の勅令により、キリスト教は国教となり、帝国の保護下に大発展するチャンスをえた。残念ながら、ゲルマン人の侵入と西ローマ帝国の滅亡により、そのチャンスは潰れてしまったのだが。

　この間、教会は帝国組織に組み込まれるが、ペテロの使徒伝承にもとづくローマの首位権が3世紀の教父テルトリアヌス(150/160〜220?)によって主張されると、ローマ司教たる教皇の威信は急伸し、と同時にローマの威光も広がったのである。

それは、ローマ帝国が分裂・崩壊し、中世世界が成立してからも変わることはない。いやローマ教皇の首位権とローマの威光は、13・14世紀にかけてますます声高に主張されていくだろう。

　ローマあるいは他の場所につくられた初期教会が、まるでパンテオンを模したような円形であったのは、キリスト教が帝国の慣習に従ったということだろうか。円ないし球のもつ、太古からのシンボルの力は皆に知られていたし、その球=宇宙を支配するのが神でありキリストであるのならば、教会が円形な

パンテオン　内部は雄大でしかも調和がとれていてみごと　ローマ

のも不思議はないのかもしれない。信徒たちは、異教徒とおなじく円い堂宇に集まり、そこで、中心に祭壇を据える。ただし古代神殿とは異なって、周歩廊を設けて、司式者と会衆を区別することはした。それがのちに、内陣と外陣の区別へとつながっていこう。この円形のキリスト教会では、建物の下半分が地上を意味し、頭上の円天井は眼に見える天空をあらわした。そこからは、神の威厳に満ちた啓示が下り、天上世界が顕現する。ローマの異教の儀礼を、換骨奪胎したキリスト教礼拝の姿が、ここにある。

だが「異教の衣装を着たキリスト教」に驚くことはない。なぜなら、古代以来、キリスト教が流布し、信徒をふやし、また教義を発達させてきたのは、異教的なイメージや世俗的な思想とキリスト教の霊性が融合し、あるいはわたり合うことによってだったからである。ルネサンスの絵画や思想に、「異教」の残渣や変容を読みとることが研究者たちによっておこなわれているが、中世においても、聖人・聖遺物崇敬は、異教の神々の礼拝を衣更えしたものだったし、キリスト教の祝祭も、もとをたどれば異教の祭りだったのである。盛期中世のスコラ学の発達の後押しをえて、神学はプラトンやアリストテレスの哲学を存分に援用した。さらに、美術史家A. グラバールが明らかにしたように、キリスト教美術のイコノグラフィーは、その成立事情を見定めると、大半がローマの皇帝や神々にまつわるイコノグラフィーをうけついでいるのである。

ギリシア・ローマを接ぎ木しながら、成長していった中世キリスト教会。この事情は、教会建築についても相当するのである。まずパンテオンを規範に仰ぐ円形教会において、ついで後述のバシリカ式において。

ビザンツとラテン世界

円い教会は、パンテオンのように巨大なものはほかになく、たいていは小さくてとても愛らしいが、残念ながら、あまり多くは残っていない。もともとあった4〜6世紀の聖堂のほとんどは崩壊し、あるいは破壊されて地面に埋まってしまったか、後代の様式——十字プランの教会、とくにバシリカ式——によっ

パンテオン 円天井頂点に開けられた明かりとり

て、建てかえられてしまったからである。しかしその名残を、ドゥオーモなどに付属して建てられた「洗礼堂」(や霊廟)に見いだすことができる。私たちは、多くの洗礼堂が、円形でないまでも、多角形の「集中式」「放射式」プランで建設されているのをいたるところで確認できる。中心を強調したこの形の意味するところは、そこに入り込んで生と死を行き来することのできる場、ということであろう。

　初期キリスト教(風)の円形教会は、ローマをのぞけば北イタリアに多く残っているように思われる。ここに紹介する、ブレッシャとマントヴァのそれぞれ「ロトンダ」と呼ばれる教会以外にも、アルメンノ(ベルガモ近く)のサン・トメ教会などが、興味深い例として知られている。北イタリア、それもロンバルディア地方に円形教会が多いのは、偶然かもしれないが、もしかしたらより深いわけがあるのではないか、とも思う。

　たとえばこういう事情である。ロンバルディア地方は、ヴェネト、そしてラヴェンナを中心とする地域と並んで、もともとビザンツの影響が強かった。3〜5世紀にはゴート族、マリコマンニ族、フン族などがこの地に入り、その後5〜7世紀にかけて、ランゴバルド族がやってきて支配することになった。粗野で野蛮なこの蛮族は、人口比では数パーセントにすぎなかったものの、当初、暴戻のかぎりをつくした。しかし文化・宗教の面で、自分たちの信仰を強要することはなかった。そこで、ビザンツの影響が濃く残るこの地方の教会建設では、南方の地域におけるような、長堂式つまりバシリカ式の教会への愛好がさほど強まらず、それゆえに円形教会が大切にされたのではないか、と想像されるのである。

　ビザンツ帝国においては、ヘレニズムの遺産が、西方世界とは比べものにならぬほど色濃くうけつがれてきた。建築においてもそうであり、6世紀にコンスタンティノープルに建造されたハギア・ソフィア教会をはじめとして、巨大なドームの架かる集中式の教会が建てられ、絢爛たるモザイク画ともども、西方で主流になるバシリカ式とは美意識の異なる教会モデルに範を示した。

　だから、イタリア半島におけるビザンツの飛び地たるラヴェン

ハギア・ソフィア(聖ソフィア)教会　イスタンブール, トルコ

サン・ヴィターレ教会　ラヴェンナ

ナにおいても、集中式(八角形)の教会がいくつも建てられることになる。もっとも代表的なサン・ヴィターレ教会(526頃〜547)には、まさにハギア・ソフィアを模範にしたような、ペンデンティヴの使用がある。全体の外観は八角形の集中式なのだが、中心に直径約17m、高さ30mのドームが架けられている。ラヴェンナだけでなく、もともとビザンツの影響の強かった他地域にも、円形ないし集中式教会が建てられ、あるいは破壊を免れて残ったのである。

　次章で述べるように、最初にバシリカ式の本格的な教会様式となるのはロマネスク様式である。そのロマネスクが、これまで観察してきた円形教会のある北イタリアの都市にはない、あるいはほとんど残っていないことも、意味深い。

　ロマネスク期においては、円い聖堂は——洗礼堂や聖人・殉教者の霊廟などをのぞいて——バシリカにとってかわられる。それはゴシック期においてもそうである。ところが、ルネサンス期に古代の幾何学的観念が再興すると、ふたたび円や正方形といった完全な形態がもてはやされることになった。そ

テンピエット　サン・ピエトロ・イン・モントリオ教会　　　　テンピオ・デッラ・コンソラツィオーネ　トーディ
ローマ

こにこそ、円形聖堂・集中式聖堂が復興する機縁があったのである。

　ローマのトラステヴェレ地区のジャニコロの丘を、ぐるぐるカーヴを曲がりながら登っていき、ローマの絶景が望める丘の上にある高台まで登り着くと、そこには、サン・ピエトロ・イン・モントリオ教会(15世紀に現在の姿に)がある。内部の祭室には、バロック絵画がギッシリ詰まっていて見物(みもの)なのだが、その入り口右脇の、中庭のなかに、あたかも模型ではないかというくらい小さな円い神殿が建っている。それはブラマンテ(1444～1514)がつくった、テンピエット(小神殿)という、その名もむべなるかな、と思わせる珠玉の建物である。円筒型の聖像安置所が、花崗岩の16本のドリス式円柱で中心から仕切られた周歩廊により囲まれている。純粋なる幾何学的形態のドームは、半球形になっている。これはローマに残る最古の神殿と言われる前2世紀のヴェスタ神殿に似ている。これこそ完璧なプロポーションを実現したルネサンスの完成体だろう。ちなみにブラマンテは、ウンブリア地方のトーディ郊外にも集中式聖堂の傑作、テンピオ・デッラ・コンソラツィオーネを残している。

初期キリスト教建築を歩く

ローマ　Roma

ラテラノ洗礼堂
Battistero Lateranense

　432～440年に建てられた、**サン・ジョヴァンニ・イン・ラテラノ教会**付属の**洗礼堂**(→p.12)である。現在のものは正八角形の愛らしい建物であるが、もとはサン・ジョヴァンニ・イン・ラテラノ大聖堂ともども、コンスタンティヌス大帝が、ローマ帝国におけるキリスト教公認後最初に建てた円形の洗礼堂だったと伝えられる。5世紀に八角形に改築されたときも、中央部にドームが架けられて「円」への意志が残り、周囲部分はヴォールト構造になった。これは16世紀に上下2層の列柱で支える形に改められた。内部には真ん中に大きな緑色の洗礼盤がおかれている。

サンタ・コスタンツァ教会(霊廟)
Mausoleo di Santa Costanza

　ピア門を越え、古代の執政官街道をなぞってノメンターナ通りを城外に2kmほど行くと、まもなく左手にサン・タニェーゼ教会が見えてくる。その緑の濃い敷地の、さらに奥まったところにひっそりと立っているのが、**サンタ・コスタンツァ教会**(霊廟)である。この教会(霊廟)は、サン・タニェーゼとともに、ローマの初期キリスト教建築のよき名残である。円形集中式の傑作であるこの霊廟は、4世紀初頭に、先述のコンスタンティヌス帝の娘たち、コスタンツ

ラテラノ洗礼堂内部　ローマ

第1章　円かなる黙考——初期キリスト教建築 | 19

サンタ・コスタンツァ教会内部　ローマ

サンタ・コスタンツァ教会正面　ローマ

ァとエレナ（＝背教者ユリアヌスの妻）のためにつくられ、のち、すぐに洗礼堂になったが、1254年には教会に姿を変えた。

　入り口前にナルテックスがついており、内部では12組の花崗岩製の柱が、クーポラを支えながらぐるりと回っている。それらがつくりなすリズムは、クーポラの下に開いた12のアーチ枠で支えられた大窓から入り込む光によって、その効果が倍増している。また、周囲の周歩廊は、半円筒ヴォールトで覆われ、そこには今日残存するうちでもっとも古いモザイクのひとつがある。

サント・ステファノ・ロトンド教会
Santo Stefano Rotondo

　コロッセオとカラカラ浴場の中間あたり、まさにローマの遺跡がぎっしり詰まったところに、もうひとつの著名な円形教会がある。この一帯はローマのなかでは珍しく住居が少なく、すぐ脇からは公園と田畑が広がっている。チェリオの山やアッピア街道の都市内部分に散らばる古い教会のなかでも、もっとも古い教会のひとつで、おそらく5世紀につくられ、教皇シンプリキウス（在位468〜483）に献げられた。

　ファサード前には、五つのアーケード付ポルティコがある。これはもともと、2列の円柱でつくられた二重の周歩廊に囲まれた部屋であった。外の周歩廊は、ギリシア十字の4本の腕によって横断されていた。今日残っているのは、以前の内側の周歩廊であるが、その外壁には、かつて内外両周歩廊を分けていた34本の大理石と花崗岩の円柱が埋め込まれているのが、今も見える。現在の周歩廊は、22本の円柱で中心部と仕切られている。その円柱はすべて花

サント・ステファノ・ロトンド教会内部　ローマ

崗岩製で、大理石のイオニア式柱頭が載っている。そしてそれらの上には、連続的なアーキトレーヴ(楣)が載り、そこから円蓋を覆う外皮の円形壁体が伸び上がっている。さらにその上部には、アーチ枠で支えられた22の窓がある。

ペルージャ　Perugia

サン・タンジェロ教会
Sant' Angelo

　ローマ以外の町でも、ときに円形教会が見つかる。それらは、町の高台のはずれにひっそりと円盤が不時着したような姿で立っていたり、あるいはゴシックやルネサンスの建築群にまぎれて、隠れるようにして立っている。いくつか訪ねてみよう。

　イタリア中部の州、ウンブリアの州都ペルージャは、周囲に緑の平原が取り囲む、小高い丘の上につくられた町である。その丘は起伏が多く、突然の陥没や触手状の山脚があちこちで生じている。そうした自然の妙趣を生かしながら、中世の時代に美しい町並みがつくられていった。現在も観光客は、中世の町並みを目当てに集まるのだろう。だがじつはペルージャは、古代エトルリアの集落が栄え、ついでそれがローマに帰伏した過去をもつ町なのであり、古代エトルリアの囲壁とその外の中世の囲壁が二重に残っている。だからこの町に古代風教会があっても、いささかも不思議はない。それは、**エトルリア門**の先の交差点を越えてまっすぐ伸びる細長い登り道(ガリバルディ通り)をずっと登っていくと、右手の芝生の奥に見える円形教会(サン・タンジェロ教会)である。

サン・タンジェロ教会　ペルージャ

第1章　円かなる黙考──初期キリスト教建築　21

サン・タンジェロ教会内部　天井の8本のリブが中心への集中をきわだてている。ペルージャ

エトルリア門　巨大な石を整然と積み上げてつくられている。ペルージャ

この愛らしい教会は、おそらく5世紀末ないし6世紀初頭に建てられた。14世紀になって不自然に大きく切り開かれたゴシック式の門を入ると、内部は、ローマのサント・ステファノ・ロトンド教会によく似ている。つまり、16本の円柱列で中央——周囲より高くなっている——と周囲(周歩廊)が分けられているのである。さまざまな種類の石からなる円柱の柱頭はコリント式であり、天井は、壁に塗り込められた8本の宙吊り小円柱(14世紀に付加)によって支えられている。

マントヴァ　Mantova

→地図第5章 P.99参照

サン・ロレンツォのロトンダ教会
Rotonda di San Lorenzo

　北イタリアにも円形教会は見つかる。マントヴァとブレッシャにある「ロトンダ」である。ルネサンスの項において、マントヴァは、アルベルティの活躍した町として詳説するつもりだが(→p.99)、まずここでは、中心にドゥカーレ広場と並んである広場、エルベ広場の脇の傾斜をやや下がったところにあるロマネスク様式の教会、**サン・ロレンツォのロトンダ教会**に注目しよう。この円形教会は、トスカーナ辺境伯であったカノッサのマティルダ(1046〜1115)の要望で11世紀につくられ、ついでユダヤ人ゲットーのなかに吸収されたが、20世紀初頭に復旧した。内部は円柱により支えられたアーケードによって、周歩廊と中央部が区分されている。高い上部にはマトロネオ(内壁から張り出した開廊式歩廊)とクーポラがある。

ブレッシャ　Brescia

ドゥオーモ・ヴェッキオ(ロトンダ教会)
Duomo Vecchio di Brescia (Rotonda)

　ミラノから東に90kmあまり、ブレッシャという、いまや工業都市として知られるロンバルディア地方の都市がある。そこにも円形教会が残っている。町の中心部では、政治・経済・宗教の諸施設に挟まれていくつもの広場がつながっているが、そのうちのドゥオーモ前広場にでると、まず目に入るのが、壮大で華麗なるバロック建築の白亜の教会(ドゥオーモ・ヌオーヴォ、1604〜1825年建造)である。だが見上げた目を下に降ろしてみると、どうだろう、巨大なドゥオーモの右横には、煉瓦色の小振りの円い教会が、半ば地面に埋もれたように立っている。**旧ドゥオーモ(ドゥオーモ・ヴェッキオ)**である。

マントヴァ　ロトンダ教会

ドゥオーモ・ヴェッキオとドゥオーモ・ヌオーヴォ　ブレッシャ

「ロトンダ」こと旧ドゥオーモは、11世紀に先行するバシリカの上につくられた。広場の古代レベルに建てられているので、半ば沈んでいるような塩梅だ。周囲の壁にペアーになって配置された窓群が開いている1階部分は、円形プランで、その上にやはり円筒形のドラムが載っている。さらに頂点には、小さな付け柱（ピラスター）に挟まれた円蓋がある。壁の周囲の小窓は、下部で周歩廊の柱間に対応している。その上の円筒外被の一番上層は、小アーチの装飾帯で終わるが、やはり周囲全体が等間隔の窓によって穿たれている。内部は、中央空間がずっしりしたピアー群の上に載る半球形ドームに覆われており、周囲には周歩廊がめぐっている。こう書けば、これまでの単純な円形教会とおなじようだが、じつは、このブレッシャの円形教会の内部は、唯一無二の不思議さをそなえている。すなわち、諸レベルが階段でつながれていて、アーチ、半円筒ヴォールト、交差ヴォールトの「フーガ」になっているのだ。そして諸レベルの窓から一日中降り注ぐ光の雨が、じつに印象的である。

第1章　円かなる黙考——初期キリスト教建築

第2章
海辺の白い貴婦人——プーリア式ロマネスク

イタリアのロマネスク建築

　西欧ラテン世界の教会堂プランにおいて、円い教会にとってかわったのは、長方形プラン、すなわちバシリカ式である。その短辺のひとつにアプシス(後陣)が設けられる。これは、イタリア、というよりもヨーロッパ全体において、以後近代にいたるまで、教会建築の基本型となったタイプである。それが最初に実現したのが、ロマネスク様式においてであった。この様式で建てられた教会の傑作を擁する地方が、第2章・第3章での私たちの訪問先となるだろう。

　元来、バシリカとは縦長の長方形プランの建物のことで、古代ローマの公共建築物を原型としていた。もともと裁判所や商取引のための建築物として使われ、内部は列をなす円柱が縦に走り——だから3身廊——、先端に半円形の張出しが付されていた。ただし教会建築の場合は、それに翼廊(袖廊)が加えられたラテン十字プラン——あるいはT字型プラン——が基本の形になる。加えて、洗礼志願者のための空間たるナルテックスと前庭(アトリウム)が身廊入り口前にあることもあった。

　ラテン世界では、おなじ十字形でもビザンツでおおいに栄える縦横の「腕」の長さが等しい「ギリシア十字」のプランが消えていくかわりに、「ラテン十字」が広く波及していったのである。いずれにせよ、円形教会の祖型がギリシア・ローマ神殿であったように、ラテン十字形教会のモデルがローマの世俗建築たるバシリカであったということは、キリスト教教会建築の元には、異教世界の建築モデルがあったということを意味しようか。ルネサンス期に自覚も新たに再認されることになるわけだが、古代こそ、中世以降のヨーロッパ建築のモデルを提供してその規範となり、オーダーやモドゥルス(モジュール)など、いわば「文法」を提供したことを、ここでまず確認しておこう。

　ロマネスクの教会は、たいてい堅牢な石壁で取り囲まれ、

壁の分厚さで天井を支えている。いや壁が伸びたものが、そのまま天井になるというべきか。もちろんヴォールトやアーチを支えるためには、柱もあれば付け柱(ピラスター)もあるのだが、それらはヴォールトやアーチと一丸となり、壁と一体化している。ゴシックのように、各建築部材が独立した部品として、自由に組み合わせられるわけではない。石たちは、その物質性をそれぞれ主張したまま組み上げられていき、巨大で重厚な壁面の量塊や堂々とした円柱列、蒲鉾のようなヴォールトが実現する。そして、すべての石と石とのあいだに働いている重力と反力との拮抗が、ロマネスク建築全体に、物質性の静かな威厳を滲みださせることになる。

　盛期中世になると古代・初期中世の円形教会が消えていき、洗礼堂などにわずかに残るのみだ、と述べたが、ロマネスクにおいては、古代から伝わる「円」が、バシリカの方形に包囲されながらも、弾力をもって内から壁面を押し出しているところを見落としてはならない。円と方形というより、かたや円球・円筒、かたや直方体が、目に見えない緊張に震えながらわたり合っているのが、ヨーロッパ精神の初発の姿なのである。

　では、円はいずこに宿っているのだろうか。ロマネスク教会では、しばしば天井部に半円筒ヴォールト(トンネル・ヴォールト)、ないし半球形ヴォールト(連続ドーム天井)が架けられる。だが天井のドームだけではなかった。建築の壁面全体を、曲面と平面の弁証法でつくりあげようという意志が、壁の石たちおのおのの内部に、静かに脈動していたかのように見える。それはとりわけアプシスの膨らみに顕著である。建築学的には教会のアプシス(後陣)が円天井とおなじ機能をもつ。ロマネスクのアプシスが半円筒形、いやしばしばその連続体になっているのは、それゆえだろう。矩形に閉じこめられた「円」が、壁にぶちあたり、ポッコリと可愛らしく外に出っ張っている。アプシスの中央には十字架が据えおかれ、教会のなかでももっとも聖なる場となるであろう。

　紀元千年頃からの西欧の大発展期に、教会が一斉に新築・再建されると同時に誕生したロマネスク様式は、スペイン・

第2章　海辺の白い貴婦人——プーリア式ロマネスク

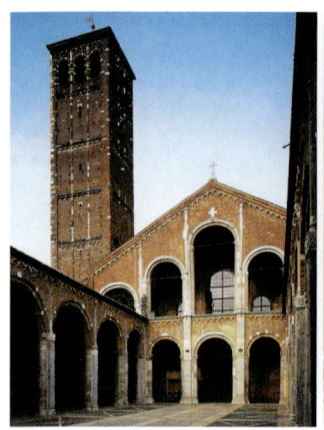

サン・タンブロージョ教会　ミラノ　　リグーリアのサン・パラゴリオ・ア・ノーリ教会の側壁にみられるロンバルディア帯

　南フランスから、イタリア、そして西欧中に展開していく。しかし、ロマネスク建築が10世紀末から12世紀前葉にかけて、ヨーロッパ全域をほぼ覆う普遍性をもつということは、それがどこでもおなじような姿を見せる、ということを意味しない。いや反対である。この時代は、ヨーロッパのいずこでも、地方がそれぞれ自律して個性を誇っていった時代であり、だから建築物も、共通言語・文法を使いながらも地元の素材と工法を駆使し、まさに地域に根差した個性的な形を実現していった。この点、ヨーロッパ中でかわり映えのしない――といっては言い過ぎだが――ゴシックとは大きく違う。ロマネスク建築とは、いずれも母胎にしがみつく胎児のようにして、土地と不可分であり、言葉の根源的な意味で「文化」の発現なのである。

　では、イタリアのロマネスクにはどんな特色があるのだろうか。イタリアのロマネスクは、フランスのロマネスクの名品に見られる、とりわけ後陣に大きな瘤がどんどんできてくるような、放射状祭室の連続体はほとんどなくて、古代ローマのバシリカの外形をなによりも忠実になぞることを重んじた。そして天井のヴォールト、それを支える円柱と柱頭装飾、側廊上のトリビューンが、軽視されているとはいわないにせよ影がうすく、それらよりもファサードの装飾に全力を傾けているように思われる。

パルマのドゥオーモと洗礼堂　　　　　　　サン・ミニアート・アル・モンテ教会　フィレンツェ

　ロマネスク建築はイタリアで生まれたのではなく、カタロニアそして南フランスがその先陣を切った。イタリア最初のロマネスクは、北イタリアのコモ、ミラノ周辺でまずつくられた「ロンバルディア様式」と呼ばれる教会群で、ミラノのサン・タンブロージョ教会(1088〜99年にほぼ今の姿に)が淵源とされる。これは北イタリアから中部イタリアにかけて広まったが、特徴としては、スッキリとした縦線がファサードを縦三つに区切り、建物の外縁は小アーケードや帯状の装飾(ロンバルディア帯)で装飾されている。玄関廊では、たいてい2匹のライオンが円柱を支えている。ロンバルディア様式とともに影響力の大きかった「ピサ様式」については、第3章で詳しく観察しよう。

　フィレンツェでは、特異なロマネスクが展開した。フィレンツェ様式の代表はサン・ミニアート・アル・モンテ教会(1018年起工)であり、ルネサンス建築かと見紛うほど、半円アーチ・円柱・ペディメントを巧みに使用している。プロポーションがよく、幾何学的に規矩正しい端然たる外貌である。色大理石をうまく組み合わせ、白に緑の大理石で装飾されている。

　南イタリアおよびシチリアでは、ロンバルディアからの影響のほか、フランスのノルマンディーからやってきたノルマン人の影響があるし、またビザンツ、そしてアラブの影響さえある。全体の構造はノルマン風だというが、装飾的には、ロンバルディ

第2章　海辺の白い貴婦人──プーリア式ロマネスク

アやアラブないしビザンツが、地域によって異なる塩梅でミックスされている。おなじ南イタリアでも、プーリア地方のロマネスク建築には、これからつぶさに見ていくように、また独自の特色がある。

プーリア式ロマネスクの出現

　ところで私たちの訪問先のロマネスク（本章のプーリア式ロマネスクと次章のピサ式ロマネスク）には、どこよりもファサードに、地域的な自己主張が鮮明にあらわれている。イタリアは「顔」を重んじる。その「顔」に、地域の精神が宿るのである。教会改革と古代学芸復興の時代、イタリアのロマネスクは、原始キリスト教と古典文化への回帰の熱望から、整然としたバシリカの長方形プランを採用してローマとの連続性を確保し、田舎臭さからの脱却をめざした。たとえばフランスのロマネスクの傑作が農村部に集まり、修道院が主体となって建設されたのにたいし、ここイタリアでは、司教と彼を支えるコムーネ（自治都市）当局や世俗領主が、都市の真ん中に建てたドゥオー

モすなわち司教座教会に、ロマネスクの名品が多いこともこれにかかわる。そのためには、なによりも「顔」を都会風に綺麗に化粧すること、これが肝心だったのである。

　それでは、まずは南の海岸、アドリア海沿いに点々と散らばる海港都市の誇りであるドゥオーモの数々から、訪ねてみよう。

　イタリア半島南東部、長靴の踵(かかと)にあたるプーリア地方は、アドリア海とアペニン山脈に挟まれていて、西と南は陸の他地域と接するが、東端は細い舌のようになって東地中海へと伸びている。この地勢的特長により、古代から中世にかけて、イタリア、いやヨーロッパを、ギリシアさらにはオリエント世界へと仲介する乗り継ぎ地の役割をはたした。バーリやブリンディジやオトラントといった港町には、商人や巡礼者、そして十字軍兵士がひっきりなしに行き来した。しかしこの交通の要衝たる利点は、たえまなく外敵に襲われ略奪される運命と裏腹の関係にあった。

　初期中世には、ランゴバルド人、アラブ人、ビザンツ人と支配者がつぎつぎ交替し、アヴァール人やハンガリー人の襲撃もうけた。しかしその一方で、ローマやカロリング朝、オットー朝との関係もつづいていた。たしかに長い危機の時代であったが、プーリア地方にはこの時代、じつにさまざまな文化潮流が流れ着き、相互に融合する坩堝(るつぼ)となり、国際色豊かな文化が発展したのである。

　11世紀前半にはノルマン人がやって来た。当初、彼らは乱暴な冒険家・傭兵として教会から憎まれたが、やがて教会の保護者に転じた。到来したノルマン人の首長は、プーリア公ついでシチリア王となった。かくて南イタリアは、以後12世紀にかけて、ノルマンの制度、つまりヨーロッパのシステムに組み込まれ、そのおかげでビザンツへの従属から解放された。ランゴバルド人らのうち貴族層は、ノルマン人とも混ざり合って権力を維持しつづけた。主要都市では商人には特権が与えられ、市民の富を誇示するかのように、新たなドゥオーモがつぎつぎと建てられるようになったのである(ターラントに1070年頃つくられたのが最初の例)。司教やノルマン伯ら封建領主も、自分

バーリの海

第2章　海辺の白い貴婦人——プーリア式ロマネスク　31

たちの町への新ドゥオーモ建立に尽力した。そして11世紀末から13世紀前半にかけて、司教区網の再生とともに、多くの都市にドゥオーモが建てられ、あるいは改築されていった。

このあたりの土地は、ちょっと深く掘ればいくらでも石灰岩が出てくる。しかも緻密で光り輝く良質のものである。ドゥオーモは、これらの石灰岩を切り整えてつくられた。そこでは、建築は建築的・構造的な概念であるよりも、むしろ彫塑的な概念であった。すなわち実質的な空間言語＝「入れ物」のつくり方はもう決まっていて、プロポーションや細部、光の源を少しかえるだけで、驚くべき可視的結果を獲得することができると考えられ、実際に抜群の成果をあげたのである。複雑ではないが、じつに洗練された手法であり、そこに加えられる彫塑装飾は、この完璧な形をけっして混乱させることはない。

プーリア式ロマネスクと呼ばれるようになるこの様式は、なだらかな「撫で肩」のファサードが特徴的であり、その中心に大きな薔薇窓がある。またファサードの外縁部を縁取るレース飾りのようにして、「肩」から「首」にかけて小盲アーチ（archetti）が連続していることが多い。ときに正面入り口の円柱の下にライオンがいるのは、ロンバルディア様式の影響だろうか。

また翼廊は後陣と同レベル、つまりT字型のプランである。翼廊の端も、まるでそれらが正面ファサードのレプリカであるかのように、左右それぞれが「顔」になっているのが特徴的である。外側から後陣を見ると、その頭頂部は、側廊が左右にほとんど飛び出ずに、まさに方形のバシリカ式であり、また普通、3廊の各尖端に蒲鉾を垂直に3本立てたかのように、半円筒形に上から下まで伸びる後陣がついたプランとなっている。だからT字型プランというより太いI字型プランといったほうが正確だろうか。

もうひとつの大きな特徴は、天井にある。身廊には、石のヴォールト構造がないのである。かわりに木組みの格天井である。トリビューンはある場合とない場合があり、あればその天井は石のヴォールト構造であるが、ないものについては、側廊の天井も木組みである。これはノルマンの影響である。

ドゥオーモと海　トラーニ

フェデリーコ2世の城塞　トラーニ

フェデリーコ2世の足跡

　プーリアのロマネスクを打ち見るのは、胸を撃つ感動的な体験である。端正な白い貴婦人のような麗姿が、紺碧のアドリア海をすぐ背景にして誇り高く佇んでいるのであるから。バーリしかり、モルフェッタしかり、オトラントしかり。しかし他のどこより、トラーニのドゥオーモは、海原との素晴らしい取り合わせが絶妙である。こうした海岸を点綴する純白のドゥオーモたちを上空から見たら、アドリア海岸の南端を縁取る、真珠のネックレスのように見えるのではないだろうか。

　それにしても、どうしてプーリアのドゥオーモの多くは「海辺」に建てられたのだろうか？　司教座聖堂であるドゥオーモは、ふつう市庁舎などの世俗政治の建物とともに、町の中心広場に建てられるのが常識だろう。しかしプーリアの諸都市のドゥオーモが町はずれの海辺にあったのは、海辺こそ都市の、そして市民生活の「中心」だったと考えれば得心がゆく。漁民の小船が舫い、遠方への大型船が発着する港周辺には、

船大工の仕事場や物品が山盛りされた商館もあり、人びとが行き交い、モノが売り買いされて繁華であった。そこは周縁であるどころか、都市の主要領域なのであり、さらには港周辺の「海」も、都市の一部を構成する。そうみなせば、陸と海の接点こそ都市の「中心」だったのだろう。

　ところで、海辺の「白い貴婦人」を順次訪ねていった私たちを出迎えてくれたのは、目当ての「貴婦人」以外に、それとペアーになるようにして海辺を睥睨(へいげい)して鎮座している、男らしい城塞であった。まるで貴婦人を守るボディーガードのようだ。現代の護岸・埋め立て工事で、海辺から少しだけ内陸に入ったものもあるが、これらの城塞は、かつてはまさに海岸沿いにあったという。バーリ、トラーニ、バルレッタ、モノーポリ、ブリンディジ、オトラント、ガッリポリ、ターラントなどに、海辺の城塞が見いだせる。それらはいずれもノルマン朝からシュタウフェン朝に南イタリア支配権が移ったのち、フェデリーコ２世（フリードリヒ２世、シチリア王在位1198〜1250、神聖ローマ皇帝在位1220〜50）が新築するか、あるいは、すでにあったノルマン人によるものを、修復・再建したのだという。フェデリーコ２世はこの地を掌握し、経済発展に努め、収穫率アップのため新たな耕作・栽培の方策を提起し、また交易も援助した。そして支配の拠点として各地に築いたのが城塞であった。これにより、王国全体の防備システムを構築しようとしたのである。これらは一般に中庭をもつ多角形プランで、頂上に塔をそなえていてきわめて重厚である。

　ついでながら、これらの城塞のうちもっとも著名なものはカステル・デル・モンテ（1240年起工）である。この雪の結晶を思わせる完璧な幾何模様、正八角形の要塞は、コラートとカノーサのあいだ、アドリア海近くのムルジェの丘の頂にある。うっそうたる森のなかにあるこの城塞は、狩りが大好きだったフェデリーコには愛着のあるものだったろうが、完成後まもなく彼は亡くなったため、あまり利用しなかったようだ。

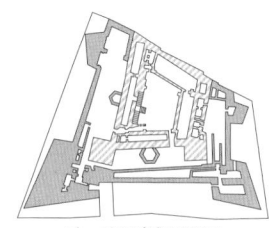

バーリの城塞見取図

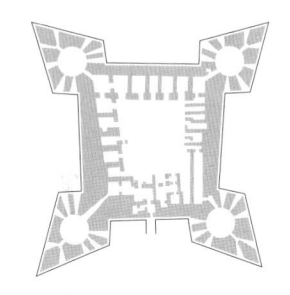

バルレッタの城塞見取図

カステル・デル・モンテ見取図

カステル・デル・モンテ

プーリア式ロマネスクを歩く

バーリ　Bari

サン・ニコラ教会
Basilica di San Nicola

　バーリはプーリアの中核都市である。11世紀には、東西世界を結ぶこの地方の諸都市のなかでも最大のセンターとして、通商・文化がおおいに栄えた。東地中海からの文明は、まずこの海港都市に到来し、イタリアそしてヨーロッパへと広まっていったのである。この町において、ドゥオーモ以上に重要な教会が、**サン・ニコラ教会**である。この建物が重要なのは、プーリア式ロマネスクの濫觴となって、以後つぎつぎと同種のモデルの建物が、海岸沿いの都市につくられていったことからもうかがえる。バーリ人にとって、海に洗われる白亜の大教会は、今でも矜恃の的である。

　聖ニコラ（聖ニコラウス、270頃～343？）とは、リキア地方（現在のトルコ南海岸の一地方）のミュラの司教で、詳しい事蹟は知られていない。伝説によると、3人の子供を生き返らせるという奇蹟をおこなったという。そのためキリスト教世界全体で、子供の守護聖人になっている（＝サンタクロース）。しかし聖ニコラは、バーリの守護聖人、船乗りたちの聖人でもある。バーリの船乗りたちは、1087年、小アジアのミュラから聖ニコラの聖遺物（遺骸）を故郷に運んできたが、それをおさめる教会が、87年から1197年にかけて建設されたのである。

　プーリア式ロマネスクの特徴はすでに述べたが、ここではひときわ高い壁が後陣と翼廊を統合し、要塞のように閉じている。ファサードは簡素にして荘厳、左右には上部が切り取られたような鐘楼が脇を固めている。ファサードは付け柱で3部分に分けられ、上端は小アーチの連続装飾で縫い取られている。3部分それぞれの上部には2連窓があり、中間部はより大きな窓がひと

聖ニコラ像　サン・ニコラ教会　バーリ

第2章　海辺の白い貴婦人——プーリア式ロマネスク　37

サン・ニコラ教会　バーリ

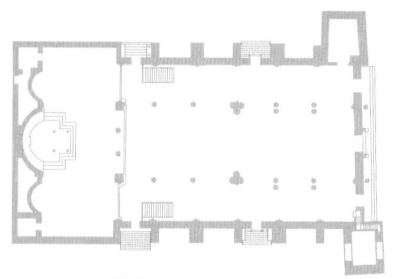

サン・ニコラ教会見取図

サン・ニコラ教会内部　バーリ 　　　　　　バーリの旧市街

つずつ、地上階は三つの入り口がついている。中央玄関は円柱上に天蓋が載り、豊かに装飾されている。建物の側面も、深い盲アーケードが並んで美しい。内部は荘厳で3身廊が円柱とピアーで区切られ、三つの後陣と広壮な翼廊がある。クリプタは翼廊と後陣をあわせた大きさをもち、さまざまな意匠の26本の円柱が支えているが、その柱頭装飾が見物である。祭壇下には聖ニコラの遺骸がある。

ドゥオーモ（サン・サビーノ大聖堂）
Duomo di Bari (Cattedrale di San Sabino)

　バーリのドゥオーモは、サン・ニコラ教会よりもめだたないところにある。旧市街の中心に位置しているからだ。新市街とはまったく別世界の、海に突き出た小さな半島部をなす旧市街、そこには中世に迷い込んだかのように狭くねった街路が走り、その街路をまたいで洗濯物が干され、おばあさんが椅子を出しておしゃべりしている。そうしたところに紛れ込んだドゥオーモは、隠密のドゥオーモだと言いたくなる。

　11世紀前半に建てられ、12世紀末に再建された。付け柱により三分されたファサードをはじめ、外観の特徴はサン・ニコラ教会とよく似ている。内部は円柱列で仕切られた3身廊からなり、荘厳で調和がとれ

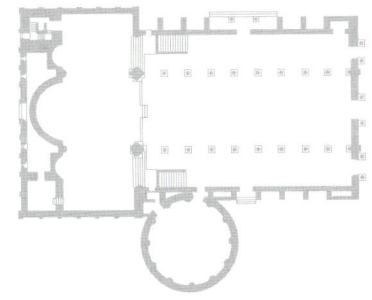

バーリのドゥオーモ見取図

第2章　海辺の白い貴婦人――プーリア式ロマネスク

ている。交差部には高いクーポラが聳えている。上に建てました翼廊については、大きな3穴の偽マトロネオが設けられ、また翼廊両端は、薔薇窓と二つの開口部で飾られて美しい。左側壁にはトゥルッロ風(→p.125)の大きな円筒形建物がある。もともとの洗礼堂が17世紀に建てまされ、聖具室に改修されたのである。

サン・グレゴリオ教会とサン・マルコ教会
San Gregorio e San Marco

　サン・グレゴリオ教会とサン・マルコ教会は、ともに小さくめだたないが、ロマネスクの佳品である。前者は、サン・ニコラ教会の囲い地のなかにあって、サン・ニコラの北西の塔と結びついている。11世紀初頭には存在し、ギリシア系貴族の所有す

バーリのドゥオーモ

サン・グレゴリオ教会　バーリ

サン・マルコ教会　バーリ

るものだったようだ。それを、1309年に司教ロムアルドがサン・ニコラ教会に与えたのだという。円柱列で分かたれた3廊式バシリカで、円柱の上にはアーチ受けの非常に高いピアーからアーケードが降り来たり、また側壁に寄り掛かった2本の半円柱の付け柱が、柱廊（列柱）のリズムを中断している。ファサードは単純なつくりだが、尖頭状飾りの中央の単穴の周りに冠状に配置された、突き出た小さな彫刻群で飾られている。ファサードと後陣の窓にはロザリオの粒飾りがある。

　サン・マルコ教会も小さく、古い地区のヴェネツィア街区にある。この教会の建設は、1001年に実現したイスラーム教徒の攻城からの解放と結びつけられている。両脇を2本の付け柱に挟まれた単小尖塔（飾り）のファサードで、シンプルである。大きな中央扉の周りは、やはりアーチとコーニスがロザリオの粒で飾られている。

トラーニ　Trani

ドゥオーモ　Duomo di Trani

　バーリから50kmほど西方の海岸の町トラーニは、近くの他のアドリア海岸都市とおなじく、ムルジェ地方の丘を北に下ったところにある。現在ではごく小さな港町にすぎず、海水浴場として知られているくらいだが、かつてはアドリア海の他の都市と北方地方を結びつける中継地点として、漁民やオリエント商人などが行き交う殷賑な町であった。

　この町が誇るドゥオーモは、西方に深く鎌形に曲がった小半島にできた集落の突端に聳える。海の水平線を背に、垂直に建つ

第2章　海辺の白い貴婦人——プーリア式ロマネスク　41

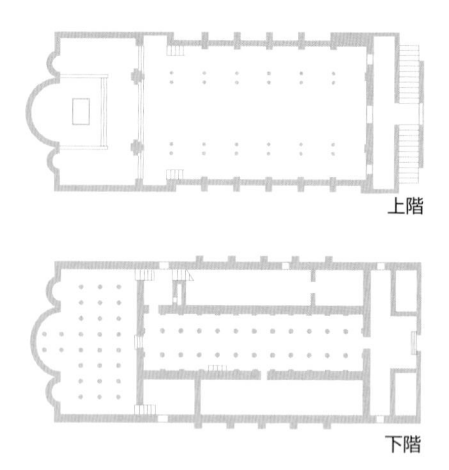

トラーニのドゥオーモ

トラーニのドゥオーモ見取図
上階
下階

白亜の教会は、そこで空と海が命の盟約を結んで凝結したかのようだ。この奇蹟の美を堪能するためには、陸からではなく、海から見るにしくはない。11世紀から12世紀にかけてつくられたノルマン時代の作品で、3身廊で三つのアプシス(後陣)をもつ形態は、プーリア式ロマネスクのドゥオーモに共通だが、トラーニの特徴は、側面が深い一連のアーチ構造によってえぐられている点である。ファサードは鉈(なた)でストンと切ったように平らな絶壁面で単純だが、垂直に伸びる志向が、他の当地方のドゥオーモにくらべるとずっと強い。上部には三つの窓が並び、その上に薔薇窓、階段を上がったところにある中央玄関の両脇には盲アーケードが並んでいる。よく見るとこの下層は、中央玄関を中心に豊かな装飾がなされている。正面向かって右側には高い鐘楼が強靱に伸びていて、まるで尖筆のようである。だが、階を上がるにつれて2連窓から5連窓に増えていって、安定感を出している。内部は明るく、二重円柱列に載った3身廊で、それに3穴マトロネオがつき、屋根は剥き出し小屋組みである。翼廊は短く三つのアプシスが付され、また大理石の円柱と柱頭で豊かに装飾されている。翼廊

トラーニ

外部は、バーリのサン・ニコラ教会同様、身廊のファサードにややヴァリエーションを加えた「顔」をもっている。

トラーニのドゥオーモには二重のクリプタがある。みごとな柱頭彫刻のあるおびただしい円柱が支えている上のクリプタは、巡礼者聖ニコラ (S. Nicola Pellegrino, 1075～94) に捧げられている。バーリの聖ニコラ (S. Nicola di Bari) とは別人である。巡礼者ニコラは、もともとギリシア人の隠者であったが、11世紀末にローマへの巡礼を夢見て、「キリエ・エレイソン（憐れみの賛歌）」を歌いながら、リヴァディア（ギリシアのボエオティアの町）を出発した。上陸したのはプーリアのオトラントであった。ギリシアでもそうであったが、イタリアにきてからも冷遇・虐待されつづけたという。レッチェ、ターラントをへて、トラーニにいたり、はじめて優しい扱いをうけたが、困憊のあげく病をえて死んだのだという。下のクリプタは、アレクサンドリアの聖レウチョ（生没年不明、2～4世紀の人）の地下墳墓で、前ロマネスク期のものである。

ルーヴォ　Ruvo di Puglia

ドゥオーモ　Duomo di Ruvo

ルーヴォは、トラーニの少し南にあり、低地ムルジャの最初の段丘に位置する。アドリア海岸からは14kmのところにある農業中心の町である。古代にはアプリア（現在のプーリア地方だが、古代においては、その上半分のみがアプリアと呼ばれた）の陶器生産の中心地として有名であった。この町のドゥオーモは、トラーニよりも1世紀ほど遅れ、12世紀後半から13世紀にかけて建て

られたが、やはりプーリア式ロマネスクの代表作のひとつとなっている。しかし同時に「ノルマン様式」の枠を大幅にはみだし、この地を支配した諸民族の文化がもたらしたさまざまな様式が重層した、驚くべき例として有名である。すなわち全体の構造としてはトラーニのドゥオーモからきているが、しかしファサードの垂直性にはすでに「ゴシック」の特徴があらわれている。当然「撫で肩」の程度も増し、肩が急傾斜で体軀の半ばより下まで達し、「頭」は猪首のように肩に埋まっている。

内部は円柱ではなく、十字型角柱で区切られた3身廊で、マトロネオにかわる持ち

ルーヴォのドゥオーモ

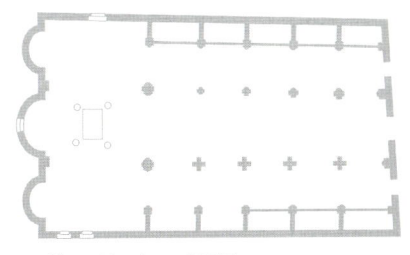

ルーヴォのドゥオーモ見取図

第2章　海辺の白い貴婦人——プーリア式ロマネスク

ルーヴォのドゥオーモ内部

送り上の歩廊がある。前方に翼廊がついているが、ほとんど翼廊とはいえないほど、左右の幅が身廊と変わらない。建物の石の色は、真っ白ではなく、より黒っぽい石でできている。ファサードは、植物・動物と人間の頭などのモチーフで豊かに装飾されている。中央に大きな薔薇窓があり、その下には、ルネッタのなかに聖ミカエルがいるロマネスク風2連窓がある。さらに下には三つ葉模様の円窓があって、周囲を天使の頭が囲んでいる。ファサード下部は、半柱の上に3本の補強アーチが載り、三つの扉口を囲んでいる。

ビトント　Bitonto

ドゥオーモ　Duomo di Bitonto

　ビトントは、アドリア海から7kmほど南に内陸に入った標高118mの町で、低地ムルジャの岩がちの段丘の上に、深い峡谷を望むようにして佇んでいる。町に入り、細い路地を回ってクネクネ登っていったところに、小さな広場に横つけになった大聖堂がある。やはり多くの点でバーリのサン・ニコラ教会を踏襲した12世紀末から13世紀半ばにかけての作品で、プーリア式ロマネスクの完成体といってもいい。

　3廊バシリカ式で、身廊と側廊は4本の円柱と2本の十字型角柱で分割されている。ファサードは、高く伸びる2本の付け柱によって、内部の3廊に対応して3分割されている。ペディメントには、上縁に沿って左右の脚の長さがことなる段違い小盲アーチがあり、小盲アーチはファサードだけでなく、側面最上部にもずっと繰り返されている。上段中央部には大きな薔薇窓がある。ファサード中段には2連窓が四つ並んでいる。下部の中央玄関の周囲にはきわめて豊かな装飾があり、張出しの強い植物模様の飾りで一杯のアーキトレーヴが上部を縁取り、アーチはコリント式柱頭の小円柱の上に載る2羽のグリフォンの上に降り立っている。そしてそれらグリフォンの載る小円柱が、またライオンに支えられている。

　中央玄関の左右両脇には、それぞれ小門がある。さらにきわめて美しいのが右側面である。下部は奥行きの深い六つのアーケードに分けられ、その奥には狭い尖頭アーチの窓があるが、最後のアーケードにのみ「破門の門」ないし「ヴォルト・サントの門」が開いている。上部には三重のアーチ付の小アーケードのあるエレガントな6穴の開廊が左右に六つ並んでいる。小アーケード

ビトントのドゥオーモ

ビトントのドゥオーモ
グリフォン像

ビトントのドゥオーモ
正面

ビトントのドゥオーモ　天井

は、さまざまに装飾された柱身の小円柱に支えられ、その柱頭には、多様な動植物模様が施されている。さらにビトント大聖堂の内部には、ほかに類例のない特色がある。すなわち身廊と翼廊の天井部分の多色トラス（骨組み）である。繊細な装飾が美しいが、そこにはノルマンの影響があるという。

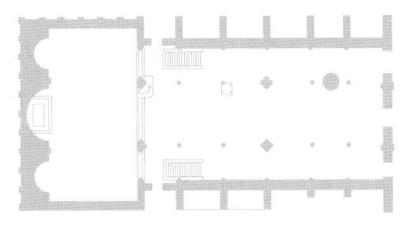

ビトントのドゥオーモ見取図

第2章　海辺の白い貴婦人──プーリア式ロマネスク　45

モルフェッタ　Morfetta

ドゥオーモ・ヴェッキオ（サン・コッラード教会）
Duomo di Morfetta (San Corrado)

　モルフェッタはバーリの北、わずかのところにある町で、二つの小さな岬に挟まれた入り江の周りにつくられた。かつては、アドリア海・地中海の通商で栄え、プーリアの主要都市からの商人や、またアマルフィ、ヴェネツィア、ギリシア、ダルマチアなどからの商人も多数いたという。

　この町のきわめて興味深い**ドゥオーモ（ドゥオーモ・ヴェッキオ）**は、1150～1200年代末に、海岸の岩礁の上、小さな港の先端に建てられた。興味深いのは、前後の半球形、真ん中の半楕円球型の三つのクーポラである。身廊に三つのクーポラが並んでいるのは、アラブないしビザンツの伝統を引いているのだろう。側廊は半円筒ヴォールトである。教会は、たしかにクーポラ付のヴォールト天井ではあるのだが、それらはピラミッド型の屋根に覆われたさまざまな多角形のドラムのあいだに閉ざされている。かくして自らの内に折り重なって閉じた空間が現出し、明るく開放的なプーリア式ロマネスクのなかにあって、ここだけが異質である。内部は3廊式で身廊と側廊は4本の大きな十字型の角柱で区切られているが、奇妙なことに、シンメトリーがまったく守られていない。不思議な歪みの感覚は、教会の縦軸の傾き、非相称の柱、2本の塔の平面図の違いなどにも起因している。この教会も、バーリのサン・ニコラ教会やトラーニのドゥオーモがそうであった

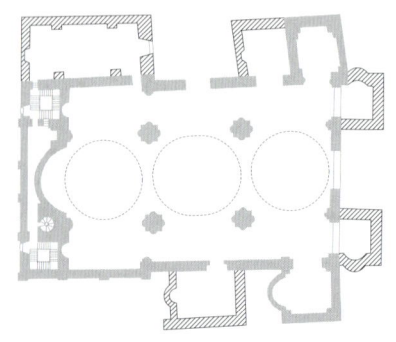

モルフェッタのドゥオーモ・ヴェッキオ内部

モルフェッタのドゥオーモ・ヴェッキオ見取図

モルフェッタのドゥオーモ・ヴェッキオ

ように、船上の者たちが海から見るようにつくられている。そして海の方から見ると、小さな家々の上に聳える巨体は、2本の塔に挟まれた、クリスタルの原石のようである。

コンヴェルサーノ Conversano

ドゥオーモ　Duomo di Conversano

　コンヴェルサーノはバーリの南東30kmほど、ムルジェの段丘の端にある。ビザンツとランゴバルドの支配ののち、ロベール・ギスカール（1015〜85, 在位1057〜85）の甥のゴドフロワ（1060頃〜1100）の封土（伯領）になったことで知られている。この町のドゥオーモは、11〜12世紀につくられた。1911年の火災ののち再建されたが、全体の4分の3はゴシック風に改造されてしまい、ファサードと側面の一部のみ元来の姿をとどめている。悪評高い修復・再建の例であるが、かつての趣きを、いくばくかは感じることができる。基本的にプーリア式ロマネスクのドゥオーモとしての共通性をもち、ファサードは付け柱により三つの部分に分かれ、真ん中に薔薇窓、左右には小さな円窓がある。側壁には小アーチ付の豊かなコーニスが伸びている。内部は角柱で区切られた3身廊で、3穴のマトロネオが載っている。

コンヴェルサーノのドゥオーモ

第2章　海辺の白い貴婦人──プーリア式ロマネスク

第3章
壁面のリズム進行——ピサ式ロマネスク

ピサ式ロマネスクの特徴

　ロマネスク様式の教会堂は、11〜13世紀のヨーロッパ全域に広く見られるものの、その形態には地域的な偏差が大きく、しかもごく小さな区域ごとに、独自のプラン・外観に練り上げられていった。前章ではその過程を、南イタリアのプーリアについて、まず観察したことになる。

　建築様式を、集合的な精神運動の表現ととらえるとき、内に閉じ籠もり、根が生えたように静かに誕生の地点に止まっている様式と、それとは反対に、開放的で自らの殻から飛び出して、つぎつぎにその形や装飾を他の地域へと伝播させていくケースがある。全般に、ロマネスクには前者の傾向が強いが、後者のタイプもある。その典型が、ピサ式ロマネスクであろう。

　毅然としながらも、しっとりと落ち着いたプーリア様式に比べて、ピサ様式は華麗だ。しかもその華麗さは、モチーフの連続によって激しく外向的な性格を帯び、圧倒的な印象をもたらす。それがもっとも明瞭なのは、ファサードである。小円柱を並べたアーケードが左右にズラッと並び、それを上下に何重にも重ねることで、重みを細かく裁断する。そうした工夫により、繊細だが存在感のある「トレモロ」が、観者の視覚をつうじて伝わる仕組みになっている。側面や内陣においても、装飾アーチが連続する。装飾は多彩で、さまざまな紋様の色大理石が、象嵌細工のようにはめ込まれている。プーリアに普通に見られたような、のっぺりした壁面はどこにもなく、すべてが円柱・小円柱・細工の連続体と化しているピサ式ロマネスクの教会は、絶えず外界の空気が通り抜ける「通路としての壁」と化している。甲板に立ち、ゼフュロスの風をうけながら、オリエントの神秘を夢想する、地中海に乗りだす船乗りの夢想を、ピサ人たちは教会にも持ち込もうとしたのだろうか。

　ピサ式ロマネスクすべての規範となったのは、「ドゥオーモ広場」の建築群である。その細部の特徴については後述す

ドゥオーモ広場　ピサ

るが、いずれにしても、ドイツの詩人・批評家R. ボルヒャルトがいみじくも述べたように、ピサの町の前面に広がる広大な草原をわたりゆく海からの風をうけて屹立する、四つの巨大な建造物——ドゥオーモ、塔、洗礼堂、カンポサント——は、ここにしか現存しない世界が、完全にひとつに集約した個体であり、その世界＝帝国の首都の構想の名残である。この広場の奇蹟的造形は、ではどのような市民たちによって、つくられたというのだろうか。

地中海を雄飛するピサ人

　ピサは、イタリア中北部のイオニア海沿岸都市で、アルノ河とセルキオ河が合流して中洲をなすところに位置している。かつてはそこに広大な沼地・湿地が広がり、前1世紀にローマ人が都市建設を始めたときはもちろん、中世都市として栄華を謳歌する12世紀後半にも、ドゥオーモの南西部の市壁内には湿地が残っていた。この湿地帯の存在が、逆にカラッとした明澄な様式を準備した、とも考えられよう。

ピサの斜塔（→P.58）

　ボルヒャルトによると、ピサは、はるか古代の海洋民族と結びつく道統をもち、イタリアでありながら半島に背を向け、いつも海を見ながら海洋帝国を夢見ていたのだという。山と丘、そして階段状に干拓された豊沃な沖積大地を背に、足を踏み入れることのできない沼沢地の帯に取り囲まれたピサは、海と島々に眺望を開き、己が背にしているイタリアという小世界を侮蔑する。そしてその行動を壮大に記念碑化する願望を抱いていた、というのである。

　だからこそ、ピサ人は古来、エトルリア人にもイタリキ人にも同化せず、ローマ支配下でもローマになりきらない孤高の精神を保ち、トスカーナとも一線を画して歴史を歩んでいった。ギベリン党の総代として、中・北イタリアのゲルフ党寄りの諸都市と睨み合い、ビザンツ帝国内での入植地・商人居留地では、ヴェネツィア、ジェノヴァとの権益争いを激しく繰り広げた。だがそれでも、キリスト教世界の命運を賭した壮図である十字軍においては、12世紀初頭以来、これらのイタリア海洋都市とともに艦隊を聖地に派遣し、人員・食料補給に力をつくして、パレスティナの占領と異教徒打倒を助けたのである。彼らは聖地ばかりか、地中海岸や島嶼のアラブの基地・領土をも攻撃した。

　かくしてキリスト教会の繁栄を願い、教皇との関係も大切にしたおかげで、12世紀には、このイオニア海の海洋都市はイタリア政治のキーパーソンになった。アナクレトゥス2世（在位1130〜38）が対立教皇に選ばれた「シスマ」時には、先に選ばれた教皇インノケンティウス2世（在位1130〜43）がローマから逃れて、フランスに数カ月滞在したのち、ピサに長期にわたって教皇庁をおいたことがあった。そして、そこで公会議を開催するなどして、自己の選出の正当化をはかるとともに、グレゴリウス7世（在位1073〜85）の教会改革を継続する政策をあいついで打ち出したのである。

　しかし教皇と親しくし、異教徒と戦いながらも、「教皇の娘」フィレンツェとは対照的に、海洋を活動の源泉とするピサ人は、「帝国」すなわち「皇帝」と盟約を結び、ドイツ皇帝の普遍的君主制に構造上欠けていた、海上覇権にもとづく普遍主

義を提供することになる。ピサは、帝国とイタリアを結ぶ外交官であり、世襲諸侯によるドイツ諸侯会議の、いわばイタリアにおける指導部であった。それゆえにこそ、ピサは、1162年にはフリードリヒ1世バルバロッサ（在位1152〜90）によって、ポルトヴェネレからチヴィタヴェッキアにいたる海岸沿いの広大な領土を譲渡されたのだし、南イタリアにおける特権や封建的諸権利を認められたのである。

　だが、地中海のヘゲモニー権力となるためには、海にばかり目を向けているわけにはいかなかった。ピサは、内陸における基盤を固めることもおろそかにできず、11世紀初頭以来、ルッカ、あるいはフィレンツェとの領域争いが絶えることなく繰り返された。戦火は消えることがなかったが、「敵」のルッカ、フィレンツェなどをも含め、いたるところから商品・物産が集積し、11世紀末頃には、ピサは、東西交易を牛耳っておおいに富をえた。12世紀には、疲弊したライバルのアマルフィにとってかわり、この世の春を謳歌した。

　こうしたなか、戦争と商業による利益を蓄積して都市はいよいよ繁栄していく。経済発展と外部からの労働者流入のため、人口は増加し、集落は初期中世の囲壁の外にまで広がった。富は都市建設にもふんだんに使われ、おびただしい塔が林立し、街路に沿って5〜6階の建物が櫛比する、繁栄をきわめた都市ができあがった。また、君主も王も戴かず、選びだされた行政官に従う自治都市として、ヨーロッパ中から賞賛された。教会でも帝国でも重きをなす町に生きる市民たちの自恃の念が、その表現の場を求めたのは、ごく自然である。その念が、1064年に新たなドゥオーモを出現させたのである。

　その後、ピサ人らは、おなじ美意識を自都市の多くの教会に捺すとともに、周辺にも浸透させていくことになる。いや、海洋貿易で栄えたピサは、盛期中世において、ピサ周辺のみか、サルデーニャ島をはじめとする地中海島嶼部にまで領土を広げ、そこにも、たしかな美的刻印を残さなくてはすまなかったのである。

リズムへの共鳴者たち

　それでは、この地中海に雄飛したピサ商人たち、そしてその商人とともに旅した芸術家たちによって、ピサ式ロマネスクは、どこに伝達されていったのであろうか。ここではとりわけピサ式ロマネスクでめだつ三つの都市とひとつの島を取り上げてみよう。

　まずはルッカである。ルッカは、セルキオ河左方でピサとフィレンツェに挟まれた小さな都市であるが、中世に培われ、衣料や料理の趣味のよさにうかがわれるその洗練された文化は、近代になっても健在で、盛名を馳せつづけた。また古代ローマの主要街道上に位置しているという好条件もあり、中世においては、絹織物業、そしてブロケード織・ダマスク織生産がおおいに栄え、また銀行業も発達した。その商人たちは、西欧中を股に掛けて活躍し、イタリアばかりか、フランス、フランドル、ドイツ、イングランドの市場にも姿を見せた。

　しかし、ピサとの関係は友好的というわけではなかった。セルキオ河、アルノ河そしてフランチジェナ街道の交通（輸送・取引）の管理をめぐる争いがあり、また両都市のコンタード（周辺農村領域）や司教区をめぐる複雑な闘争もあった。両都市は、早くも11世紀初頭には干戈を交え、それが後期中世まで間歇的につづいた。だが、ピサ式ロマネスクの魅力は、敵対するコムーネをも虜にするのだろうか、この間に、ルッカではほとんどの教会がピサ式に衣更えしたのである。

　もともとルッカのロマネスクは、幾何学的純粋性に特徴があり、装飾もほとんどなかったが、12世紀後半からピサの影響が強くなり、多色の彩色と豊かな彫刻で飾られるようになる。そしてついには、ピサ以上に絢爛で派手な様式が、12〜13世紀に数多くつくられるようになったのである。

　ルッカのつぎは、おなじくトスカーナ地方のピストイアである。

　ピストイアは、南をアルノ河、東をアルバノ山、北をアペニン山脈の斜面に挟まれた平野にある。フィレンツェのすぐ近く、その小さな妹とも目されるが、しかし教会建築には、フィレンツェ式ではなく、やはりピサの影響が濃厚だった。

　ピストイアは、女伯マティルダの死（1115年）後、ドイツ皇帝

サン・マルティーノ教会正面入口のタンパン　ルッカ

の支配から脱して、ギベリン党の自治都市となる。近隣のルッカ、フィレンツェ、プラートあるいはグイディ伯家などと争うが、13世紀半ばまでおおいに繁栄し、農業・工業・商業ともに発展する。とりわけ銀行業を国際的に展開したことがきわだっている。だが世紀後半にはフィレンツェとの戦争や内戦で衰退し、フィレンツェに服属していく。都市の最盛期につくられたのが、町を代表する教会建築群(ドゥオーモのほか、サン・バルトロメオ・イン・パンターノ、サン・タンドレア、サン・ジョヴァンニ・フオルキヴィタース、サン・ピエトロなどの諸教会)である。いずれも、多かれ少なかれピサ様式の建物であった。

　つぎはアレッツォである。ヴァルダルノ河、カゼンティーノ河、ヴァルディキアーナ河が流れ込む平野に姿を見せる丘の斜面にあるこの中都市は、ローマ、フィレンツェ、そしてロマーニャ地方をつなぐ主要街道沿いに位置していたため、商業的にも軍事的にも、重要な役割をはたした。中世前半には、司教権力と大小封建領主の度重なる綱引きののち、徐々に市民の力が強くなって、コムーネ(自治都市)としての地位を確立して

第3章　壁面のリズム進行——ピサ式ロマネスク　53

いく(1098年最初のコンソーリつまり行政長官が選出される)。その後はフィレンツェやシエナといった近隣都市の攻撃に耐えながら、版図を広げていくことになる。

　飢饉や地震などの危機を乗り越え、1200年には市壁の拡張と広場の造成が決まった。市壁の再編は、先立つ拡張プロセスの締めくくりだろう。広場には、中央集権的な性格が濃厚だが、この広場に接して——しかしファサードは広場ではなく狭い街路側にある——ピサ＝ルッカ式のファサードの代表作というべきサンタ・マリア・デッラ・ピエーヴェ教会(→p.66)がつくられた。後陣と内部はロンバルディア式だが、それにピサ式ロマネスクの要素が移植されているのである。13世紀末には、新ドゥオーモやドミニコ会・フランシスコ会の建物などが、ゴシック様式でつくられるが、14世紀に入ると町は衰退し、1384年にはフィレンツェに売られ自由を失う。その後は、フィレンツェのルネサンス建築の影響が強まっていくことになる。

　最後に取り上げるのは、イタリア第2の大きな島、サルデーニャである。

　船に乗ってどこにでも行けるピサ人たちは、その美的な刻印を、近くの陸地ばかりでなく、地中海の島にも残している。サルデーニャ島である。サルデーニャは、古来、地中海に進出する海洋民族、商人たちが頻繁に出入りするところであった。古代にはフェニキア人、カルタゴ人、ローマ人が、交易拠点および新たなる農耕地を求めてやってきたし、その後長らく(6〜9世紀)ビザンツの領域となっていたが、10世紀にそこから解放されると、11世紀半ばから13世紀半ばには、四つの「王国(ジュディカート)」に分割された。

　この島には、11世紀半ばに多くの教会・修道院が建てられるようになった。ヨーロッパ各国から修道会が入り込んできたことが、建築活動の推力となった。そしてそれまでの初期ビザンツ式の教会にかえて、ラテン世界への帰属を誇示するかのような、ロマネスク建築が多数つくられることになったのである。サルデーニャ島で建築を依頼された石工組合は、13世紀前半までトスカーナの組合が多かった。それはなぜかといえば、ピサをはじめとするトスカーナ海岸地方から、サルデ

ーニャは容易にたどり着ける位置にあったからであり、そのためピサ人が、商業上の取引で頻繁に訪れていたからである。もうひとつ、ピサが1165年、神聖ローマ皇帝フリードリヒ1世バルバロッサから、全島を封土としてえたことも、当市とトスカーナ諸都市の石工組合がサルデーニャに進出するのを助けた。15世紀以降になってスペイン支配が全島を覆うまで、ピサは、ジェノヴァとともにこの島の政治・経済と建築・美術を牛耳っていたと考えられよう。

　太古以来の巨石文明の素地があり、豊富な種類の石が採掘され、装飾技術にも優れたこの地では、やや変則的なピサ様式が実現した。すなわち、深い開口部がめだたないかわりに、浅い盲アーケード（アーチ）の連続、ならびに白石（石灰岩）と黒石（玄武岩）の縞模様で、独特の雰囲気を出しているのである。

*

　古代の思い出を胸に海洋帝国を夢見たピサ人たちの願いは、もろくも崩れたが、その爽快にして堂々たるモニュメントは、トスカーナ全域を風靡し、さらには、サルデーニャにまで伝播して、住民たちの美意識に深く影響していった。開放的な開廊の連続体にあらわれたピサのイデーは、大気を切って、リズミカルに水平に四囲に広がっていき、政治的支配とは無関係に、多くの人びとに受容されていくだろう。

ピサ式ロマネスク建築を歩く

ピサ　Pisa

ドゥオーモ広場　Piazza del Duomo

　ピサ式ロマネスクの大傑作は、いうまでもなく、古代フォーラムを思わせる広大な広場に建つ、ドゥオーモ・塔・洗礼堂の、世にもたぐいまれなる三つの壮麗な建築群である。それにカンポサントも加えれば4点セットとなろう。だがカンポサントは、後期ゴシックの代表建築であるので、ここでは取り上げない。

　ロマネスク様式の**ドゥオーモ**は、もともと6世紀につくられた最初のドゥオーモにかわって、11世紀後半に建築家ブスケート(11世紀後半〜12世紀初頭活躍)により設計された。この大聖堂は、1118年に教皇ゲラシウス2世(在位1118〜19)により聖別されるが、なお増築・改築のため工事が長期にわたってつづいた。それはかつて類例のない建物で、その後2世紀にわたり、トスカーナの教会建築の基調をなす建築であった。いわば、ロマネスク教会における、ローマのパンテオンにも比すべき存在である。

　全体がアプアーノ゠アルプスとピサ山地の堅牢な大理石で建てられ、その形は天上

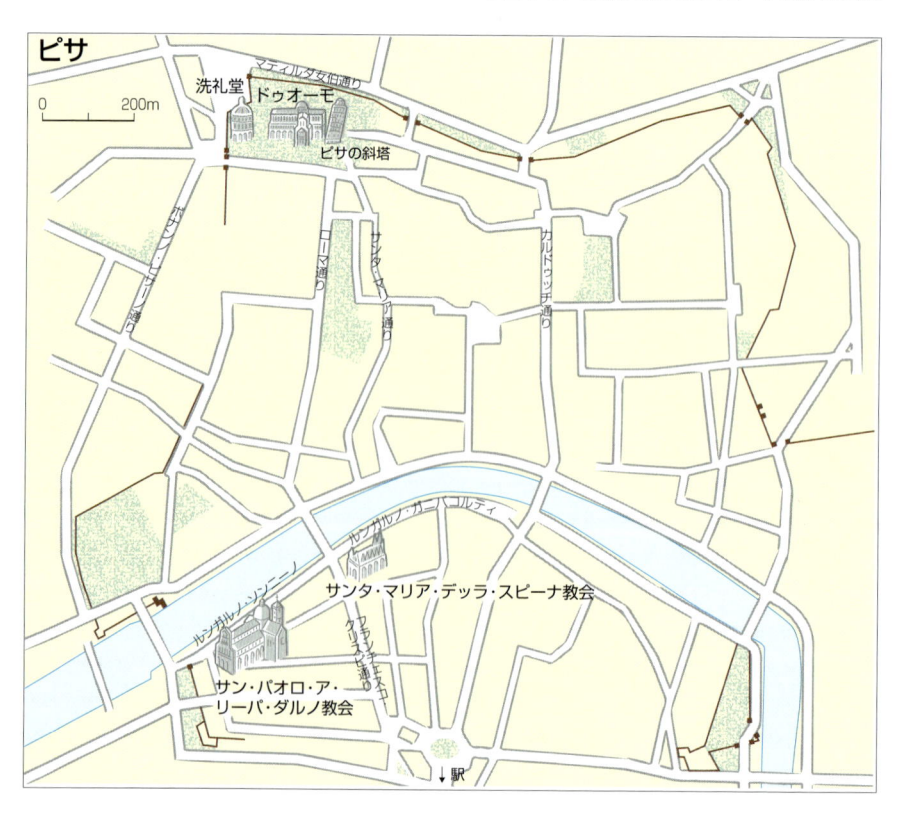

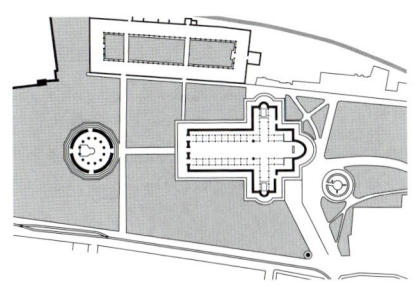

ピサのドゥオーモ広場見取図

のエルサレムの形とされる「神聖なる四部(divina quaternitas)」を模している。クーポラは、大きなピアーに支えられ、中世西欧最初の、荘厳なる楕円形クーポラである。建築家ブスケートのアイディアは、いずれも称賛を浴びたが、とりわけ身廊に建てられ、内部空間を分節化する大円柱群、この天の星にまでとどこうという巨大円柱群の評価が高かった。大聖堂の身廊(5廊式)と翼廊(3廊式)全体の上に、完全な形の階上廊が建てられている。もちろん全体としては十字架の形を基礎においているが、その短い方の辺上にも、身廊部分とおなじく上部聖堂をとりつけて、建物の横方向の大きさを倍加しようとしたのである。まるで第2の聖堂が、翼廊として第1の聖堂と交差するべく建てられているかのようである。聖堂に聖堂を積み重ね、上に積み重なった2廊式の建物がたがいに直交するのである。かくて、内部では、直角同士のあらゆるコンビネーションとヴァリエーションの比率が、生みだされている。

　外部も驚くべき円柱の列で埋めつくされている。石工たちは内部だけでなく、外部にも律動をもたらすべく、内部の円柱オーダーを壁の内から外へ、前面突出部と盲アーケードに引き出したのである。その結果、

洗礼堂　ピサ

外壁は、つぎのような特徴をもつことになった。(1)多くの水平的階層に高さを分割する。(2)一番下の段は付け柱に支えられた盲アーケードで特徴づけられる。(3)外部に開いたひとつないし複数の開廊は、一連の小アーケードが細い円柱で支えられてできている。(4)アーチの背景のなかにおかれた偏菱形の格間や薔薇窓のような純粋な装飾の存在がある。(5)2色筋になった大理石製の化粧仕上げがなされている。この五つの特徴をもつ外面こそ、ドゥオーモのファサードと側面ばかりか、この広場に立つ四つの美しい建物に統一性をもたらす、共通要素となっている。

　ドゥオーモの西方、その中心軸を伸ばしたところ、まさにファサードに面して**洗礼堂**がある。古い洗礼堂の八角形の建物を核にして、その周囲に大理石の環状外郭をめ

ぐらして改築したのである。建設は1153年から始まり、ディオティサルヴィ（12世紀前半〜半ばに活動）、ニコラとジョヴァンニのピサーノ父子（それぞれ1215/20〜78/84と1248頃〜1315頃）らが建築家として監督した。14世紀末までつづいた工事の結果、巨大な擬古代的円形建築となった。この洗礼堂は、直径35m50㎝、高さは55mで、3層構造のそれぞれの層が、半円アーチのモチーフにもとづきつつ、一面に円柱オーダーに覆われた大聖堂の正面壁に調和するように、多彩なヴァリエーションで装飾されている。

　ドゥオーモを挟んで洗礼堂の逆側には、塔が立つ。「**ピサの斜塔**」として有名なあの塔である。建設は1173年に始まり、14世紀半ばに完成。塔が円柱という形は、ラヴェンナの伝統に類例があっても、表面全体が重層する小開廊になっているのは、唯一無二で、その高さ（58m50㎝）とともに、都市のプライドの高さをよく示している。塔は大聖堂ファサードのモチーフを繰り返しながら、途方もない円柱状の列柱廊建築として、階層につぐ階層、円筒につぐ円筒、連続する無数の円柱として、できあがっている。ドゥオーモ、洗礼堂、塔の3者は、層になった開廊（小開廊・盲アーケード）にビッシリと周囲を覆いつくされているところに、共通の特徴がある。それは複雑なように見えて、じつは構成は単純で、厳格な幾何学にもとづくとともに、明暗効果が強調されている。この開廊においては、充満と空虚、物質性と非物質性の弁証法の美的効果が、豊かな光線の助けをえて、十二分に発揮されている。

サン・パオロ・ア・リーパ・ダルノ教会　ピサ

サン・パオロ・ア・リーパ・ダルノ教会
San Paolo a Ripa d'Arno

　その名のとおり、アルノ河沿いにある、11〜13世紀の美しいピサ様式の教会であり、ファサードおよび左側面には、ドゥオーモの装飾部がそのまま模倣されている。内部は3廊式で交差部をもち、またクーポラおよび半円形の後陣がある。美しい柱頭をもつ円柱が、アラブ風の尖頭迫持のアーチを支えている。ちなみに、この教会のある地区は、中世において、キウィタース（都市中核部）ではなく、オルトラルノ（アルノ河左岸）で独自に発展した地区で、キンツィカ地区と呼ばれる。地中海東部との交易のための商品市場として、コスモポリタンな活気があふれていた地区だが、その中心にあるのがこの教会だった。

サン・マルティーノ教会　ファサード　ルッカ

ルッカ　Lucca

ドゥオーモ（サン・マルティーノ大聖堂）
Duomo di Lucca (Cattedrale di San Martino)

　ルッカには多くのピサ式ロマネスク教会がある。筆頭はドゥオーモ（サン・マルティーノ大聖堂）である。これは市壁のサン・コロンバーノ堡塁(ほるい)の近くにあり、サン・マルティーノ広場に面して建っている。ルッカには8世紀から司教座があり、ドゥオーモは聖マルティーノ（316/317～397）に捧げられた。1070年に再建されたが、今日の姿になるには、12世紀後半から15世紀末までつづく手直しが必要だった。左右非対称の大理石のファサード（1204年）は、大部分グイデット・ダ・コモ（12世紀末～13世紀初頭活躍）の手になる。三つの大きなアーケー

サン・マルティーノ広場　ルッカ

第3章　壁面のリズム進行——ピサ式ロマネスク

ドがあり、その上に3層の開廊があって、おびただしい数が並ぶ小円柱は、色は多彩で様式も多様である。内部は14世紀後半のもので、3廊式で翼廊は2廊式、屋根は支柱とアーチに支えられ、側廊上部には3穴マトロネオがついている。ドゥオーモの右手には、13世紀の鐘楼がある。

サン・ミケーレ・イン・フォロ教会
San Michele in Foro

　サン・ミケーレ広場はドゥオーモの北西400mほどに位置する。この広場にある白く輝く大理石の美しいサン・ミケーレ教会は、ピサ＝ルッカ様式を誇示しながら、13〜14世紀の家々が周囲に展開する景観を統べている。初期中世の教会を建て直すべく、1070年に建設が始まり、14世紀までつづいた。フォロの名のとおり、古代ローマの集落のフォロ──主要街路の交差する広場、かつての政治と宗教、そして市民生活の中心──にあり、そこは今でも市民たちが賑やかにつどう中心地である。ファサードが非常に印象深く、このうえなく豪華な大理石嵌め込み細工の装飾がなされている。1階部分には盲アーケードが並び、それは側壁にまで連続し、さらに後陣や右側壁奥脇の鐘楼の1階部分にもつながっている。2階から上には、なんと4層もの小開廊（ギャラリー）があり、また南側壁にも、力強く美しいアーケードの2階部分の小開

サン・ミケーレ・イン・フォロ教会のファサードのギャラリー　ルッカ

サン・ジュスト教会　ルッカ

廊がつながっている。

　ピサのドゥオーモの影響は大きいのだろうが、しかし凝りに凝った装飾のセンスはまさにルッカ的である。ルッカ的というのは、小円柱やその柱頭、表面全部を覆うような白と緑の大理石の嵌め込み細工、その動植物モチーフなどである。それは有名なルッカの絹織物を思わせる。最上部には大天使ミカエルが据えつけられ、周囲を睥睨している。

サン・ジュスト教会　San Giusto

　サン・ジュスト教会は、簡素にして端正なファサードをもつ教会である。レパラータ教会とサン・ミケーレ教会の中間あたりの、サン・ジュスト広場に面して立っている。12世紀末の創建で、13世紀中に完成。大理石のファサードは、上部には2層の盲アーケードが載っているが、1階部分には、ルッカ・タイプの、かなり高いタンパンをもつ扉が三つ開いている。内部はピアーに支えられた3廊式で、17世紀の化粧漆喰で飾られている。

サン・ピエトロ・ソマルディ教会
San Pietro Somaldi

　この教会は、メルカート広場、すなわち古代ローマの円形闘技場の跡地であり、周囲を中世の建物群が取り囲むラグビーボールのような形の広場の東にある、もうひとつの広場に面して立っている。12世紀末のロマネスク教会だが、完成は14世紀である。ファサードには、2層のエレガントな小開廊が載っていてピサ風であるが、白

第3章　壁面のリズム進行──ピサ式ロマネスク

とグレーの帯状になっているのが特徴的である。内部は3廊式バシリカで、小さな後陣がある。四角いピアーの上には大きなアーチが架かっている。左方には、重厚な煉瓦の鐘楼がある。

サンタ・マリア・フォリスポルタム教会
Santa Maria Forisportam

　ドゥオーモの頭頂部（後陣）脇のローザ通りを少し北に行くと広場があり、そこに建っているのがこの教会である。ローマ時代の壁の外にあるからその名がある。ピサ式のロマネスク教会で、12世紀末ないし13世紀に建立された。大理石のファサードは円柱上のアーケードとその上の2層の開廊からなり、装飾豊かな側柱の柱頭やアーキトレーヴをもつ玄関口が三つある。側面は、付け柱上にアーケード構造があり、また後

サン・ピエトロ・ソマルディ教会　ルッカ

メルカート広場　ルッカ

サンタ・マリア・フォリスポルタム教会　ルッカ

サン・フレディアーノ教会　ルッカ

陣外部にも、円柱上のアーケードと楣構造の開廊がある。内部は広大で3廊式、身廊と側廊は、円柱群と二つのピアー上の高いアーケードで区分されている。

サン・フレディアーノ教会
San Frediano

　メルカート広場から北西の間道を抜けると、この教会の大きな姿が見える。初期中世にあった教会が1112〜47年に建てかえられ、さらに13世紀のあいだに改築された。簡素で高貴なファサードだが、注目すべきは、楣構造の小開廊の上に載ったビザンツ風の大きなモザイクであり、そこには「キリスト昇天」が描かれている。内部は厳格なバシリカ式で3廊式だが、雄勁なリズムを刻む古代風円柱列で仕切られており、広い後陣をもつ。全体は単純で調和しており、表面仕上げは純白の大理石でなさ

れている。ピサやロンバルディアの影響以前の、ルッカのもともとの様式を彷彿とさせる。

ピストイア　Pistoia

ドゥオーモ　Duomo di Pistoia

　ピストイアのピサ式ロマネスクの代表が**ドゥオーモ**で、歴史建造物の集中する中心地区に、広場を前に高い鐘楼、司教館、洗礼堂(ゴシック式の八角形)とともに聳えている。さらにこれらの教会建築の脇には、**ポデスタ宮**と**コムーネ宮**があって、さながら、中世都市の聖俗の主要施設が一カ所に集合したようである。

　ドゥオーモは、12〜13世紀の建物であり、ファサードには3層の開廊がある。そのファサード前には、軽快な小円柱の上に載るポルティコがあるが、それは14世紀

第3章　壁面のリズム進行——ピサ式ロマネスク

ドゥオーモと鐘楼　ピストイア　　　　　　　　ドゥオーモの洗礼堂　ピストイア

後半のものである。中央のアーケードは非常に高いが、半円ヴォールトの開口部となり、アンドレア・デッラ・ロッビア(1435〜1525)作の釉薬を塗ったテラコッタ製の装飾で飾られている。中央扉口上部のルネッタには、おなじくアンドレア・デッラ・ロッビアのテラコッタの薄肉彫りで、聖母子と天使らが描かれている。内部は3廊式で荘厳である。中央は非常に幅広でたっぷりし、天井は小屋組みで覆われている。身廊と側廊とは、多様な柱頭装飾の円柱群と2本のピアーで区切られている。

　左方にある鐘楼は重々しいが、背も高く67m ある。そこにも3層のピサ式の開廊があり、交互に配された白と緑の大理石の帯で飾られている。

テラコッタの薄肉彫り　ピストイアのドゥオーモ

アレッツォ　Arezzo

サンタ・マリア・デッラ・ピエーヴェ教会
Santa Maria della Pieve

　アレッツォの**サンタ・マリア・デッラ・ピエーヴェ教会**は、1009年に司教エレンペルト（在位986〜1010）により開設されたが、1140年以降に改築され、工事は14世紀初頭までつづいた。内部は円柱で区切られた3廊式で、天井は剝き出し小屋組みで覆われている。ファサードの下部は五つの盲アーケードに区切られ、その上方では3層に重なる開廊が活気あふれる姿を呈していて壮観である。左右に長い開廊は、四角い空間内での厳格な分節法を提示している。第1層の開廊は12本の円柱が13のアーチを支え、第2層は24本の円柱が25のアーチを支えている。最上部第3層は32

サンタ・マリア・デッラ・ピエーヴェ教会のファサード　アレッツォ

本の円柱がアーキトレーヴを支えている。かように上に行くにつれて柱の間隔が狭くなって、心地よいリズムをつくりだしている。またその装飾も多様である。三つの玄関口では、タンパン、アーキトレーヴ、またアーキヴォールトなどにも装飾が施されている。とくに注目すべきは、中央入り口のアーキヴォールトにある、ロマネスクを代表する建築家・彫刻家であるアンテーラミ（1150頃〜1230）の影響を受けた、暦の月を表現した薄肉彫りである。ほかに各面にペアーをなす2連窓が配された5層の鐘楼、盲アーケードの第1層の上に2層の開廊が載るアプシスが特徴的である。

サルデーニャ島　Sardegna

サンティッシマ・トリニタ・ディ・サッカルジャ教会
Santissima Trinità di Saccargia

　サルデーニャ島北部のログドロ地方サッサリ近くのコドロンジャノスにあるサンティッシマ・トリニタ・ディ・サッカルジャ教会は、カマルドリ会所属の修道院の教会で、1116年に献堂。ポルト・トッレス分国王のラコンのコスタンティーノ1世（在位11世紀末〜1131）とその敬虔なる妻グナーレのマルクーサが、ピサの石工に頼んで建てたものである。その後、12世紀末〜13世紀初頭に身廊を伸ばす必要が生じ、それにともなって側壁が高くされ、ファサードもつくりかえられた。

　身廊はひとつ、つまり単廊式で、その先端が左右に伸びて翼廊となっており、東端の後陣は三つある。ファサードは細いコーニスを介した3層構造であり、盲アーケードによって、2層、3層とも五つの区画に分かれている。それらの層の円柱に載ったアーチのあいだには、赤・黄・白の円や正方形の切紙細工のような装飾がある。第1層の前面は、大きなポルティコ（柱廊玄関）になっている。全体に、荒削りな白黒の石による縞模様に特徴があり、また色の交替が規則的でないのが、素朴で微笑ましい。たしかにピサ式ロマネスクなのだが、ピサ様式の最盛時ではなく、いわば倦怠期の過剰な絵画的効果が追求されているのか、あるいはサルデーニャの民俗的特質が反映していると考えるべきだろうか。

サンティッシマ・トリニタ・ディ・サッカルジャ教会　サルデーニャ島

第4章
花咲くファサード——イタリア・ゴシックの真骨頂

ゴシック建築とは何か

　ゴシック建築は、1140年代に、フランスはイル・ド・フランス地方で生まれた。この建築の革新が、1世紀経つうちに西欧中に広まって、国際的な様式になった。その点、地域に根ざしたロマネスクとは反対のベクトルを有する。また、ロマネスクの名品は修道院教会や小さな村の教会、あるいは巡礼地沿いの聖堂など農村にあったのにたいし——イタリアは例外的に都市中心部に代表的ロマネスクがあるのだが——ゴシック建築は、大都市のとりわけ司教座聖堂＝カテドラルに典型的であり、北フランス、北ドイツ、イングランドを中心に広まった。多くは司教座聖堂、大修道院、参事会教会などの天を突くような高い建物で、ステンドグラスが自然の光を神の光に窯変（ようへん）させ、光と色のめくるめく幻惑世界が堂内に現出する。

　ゴシックには、形式力という観点から見れば、ロマネスクの原理ともいえる大地にへばりつくように鈍重に広く横たわるものへの嫌悪感が、どのフォルムにも集中し、表現されている。あたかも石の重みがないかのような外観を追求して、あらゆる重さから解放され、上昇しようとしている。それを実現可能にした構造上の工夫は、尖頭アーチ、リブ・ヴォールト、飛び梁（フライング・バットレス）の三要素であった。豊かな束ね柱の角柱や控え壁も、付属的にゴシック性を補助している。それらは天井をより高くする構造上の工夫であると同時に、視線を上方へ上方へと誘導する仕掛けでもあった。

　また建物の側面は、クリアストーリー、トリフォリウム、トリビューン、アーケードという4層構造に向かっていき、そのなかで垂直性をきわだてる面の細分化がおこなわれるだろう。その揚げ句、壁面は徐々に均質な量塊でなく、透かし彫り的なものに変質していくことになる。

　革新をもたらした根本的な技術の要素は、個々のものをとってみれば、ロマネスク時代にもないわけではない。しかしそれらが複数組み合わされ、システマティックに使用されるように

なると、その結果は巨大であった。ロマネスク建築では存分に発揮されていた石の独立性・自己規定性が失われ、外部から与えられる超越的な意志に服従することになったからである。ロマネスクにおいては柱とアーチと壁面が一体化し、円筒形・半球形・立方体といった「部分」として一応独立して加算されていったように見えるが、ゴシックでは、あらゆる「面」が細分化していって、柱・アーチ・壁面などそれぞれが自在に、とりはずしと反復・組み合わせ可能な「部材」としての機能をもつようになるのである。

　ゴシックの石たちは物質性を抜き取られて、アーチもリブも添え柱も、まるで、石＝量塊ではなく、構造体の線的な部材のように見える。従来の量塊は、理念的には「線」の抽象的な網状組織となる。こうした線は、なにより垂直方向、天をめざす。かくして、土地に根ざすという精神がゴシック時代に薄れたことも手伝って、ゴシック建築は、人工的な建造物として、どこにでも移植可能になった。ゆえにそれは、またたくうちにヨーロッパ中に広まった。しかも大地からキノコのように生えてきたロマネスクほど地域的な特性が強固ではないため、似たような建物が、遠く離れた地域にも建てられることになる。時代をはるか下って、近代のヨーロッパあるいはアメリカで、ゴシックがリバイバルすることさえ可能であった。ロマネスクのリバイバルなど考えられもしない。この伝播・適応力は、ゴシックとバロックという二つの「権力志向」の様式において、とくにきわだっている。

　ところで、本書において、私の旅の導きの糸であった古代の規矩の随一は「円」であるが、ゴシックには、一見、どこにも円はなく、むしろそれは膨らみのない硬い構造体だと思われる。しかし円が生き延びている箇所がひとつだけある。芸のない四角い箱のような、バシリカ式の教会の正面に、最後の「円」が生息しているのである。薔薇窓である。円という自己完結的で、求心的な要素は、外部への展開を妨げるゆえに、垂直性と線的な高さを志向するゴシックではタブーであった。しかし、唯一、薔薇窓として積極的にとり入れられたのである。

ゴシック建築では、建物正面のそれこそど真ん中に大きな円形窓、すなわち薔薇窓をつくり、こうして方形に円形を重ねて、有限なる地上の世界と無限なる天上世界が重なり合うことを象徴しているのである。だから、大きな面積を占める方形のなかに、小さな円が閉じ込められているように見えても、逆に円＝宇宙が建物全体を包み込んでいる、ともみなせるのである。

イタリアの個性

このようにゴシックの特徴を述べてみたが、しかし地中海世界のイタリア、ギリシア・ローマの規範が強くおよんだイタリアでは、北方の典型的なゴシックとはまるで印象の違うゴシック建築がつくられた。そこでは高さへの意志は抑制され、そのかわりに、あいかわらず水平方向への意志が露わで、どっしりと大地に足を降ろして横に広がっているのである。

イタリアには、南フランスやカタロニアにあるような、いかにもロマネスク建築らしいロマネスクがないのではないか、と先に述べたが、もっと声を大にして、イタリアにはゴシックらしいゴシックはない、と断言していいだろう。北フランスやドイツに見られる、ひとつないし二つの尖塔を左右両側に天高く伸ばしたファサードなど、イタリアにはまったく存在しない。天に摩すような上昇への希求は、地中海の真ん中に垂鉛を降ろす国にはにあわない。内部のヴォールト構造にしても、尖頭アーチの鋭角は緩和されているし、垂直方向の線分も、ずっと数が少ないのである。

イタリアでは、ゴシック期に入っても、やはり古代ローマからのバシリカ式の「箱」が、教会建築の基本であり、それは「プラン（平面図）」としてだけバシリカなのではなくて、立体的にもそうありつづけるのである。それでは、イタリアにはゴシックが少ないのかといえば、まったく違う。それどころか、イタリアはゴシックだらけなのである。フランスで発達したゴシックは、ロンバルディアを経由地に、イタリア各地に広まっていった。ここでゴシック建築の特性を、尖頭アーチ、リブ・ヴォールト、飛び梁の規則的使用や、控え壁の援用による広く高い内部

空間の実現、というところに見いだすとすると、それこそそれは、無数に見つかるのである。

　はじめシトー会修道院、ついでその影響が弱まったのちは、なにより托鉢修道会が、イタリアのゴシックの普及者であった。托鉢修道会の石工組合が、ゴシック建築を担い、まず托鉢修道会所属の建物を、ほとんどすべて質素で単純なゴシック様式でつくることになった。これは、しばしば煉瓦積みに剥き出しの小屋組みで、実用的で安価に建設できた。多くは単廊式の「箱」のような建物で、まったく画一的で表情の変化がない。ロマネスクではどの地方でもあんなに念入りに化粧したファサードさえ、無表情なのである。

　13世紀からこのような修道院教会が、多くの都市においてつくられるようになった。かくてイタリア各地に姿をあらわしたゴシック様式は、より重要なドゥオーモなどにも適用される。もちろん都市当局も市民も、自分たちの誇りの的たる中心教会には大理石をもちい、また豪華に飾り立てようとするから、こちらでは托鉢修道会の建物とは異なって「顔(ファサード)」を厚化粧することに余念がなかった。装飾形態にはさまざまな種類があった。ごく高いペディメント(切り妻壁)、細いピナクル、十字型の花、2段組の葉先が舌のように折り込まれた葉模様の柱頭、繊細な襞飾りや房飾り……。後でシエナの例を見るように、内部の装飾も鬱勃たるものがあり、装飾的な柱、色彩豊かなヴォールト、注連縄(しめなわ)のように太く編み合わされた交差リブ、壁龕や持ち送りのおびただしい人物像、象嵌細工でつくられた床模様などなど、石の単色と堅さが和らげられ、豪奢な多色綴れ織りで覆いつくされているかのようなのである。しかしそれでも、やはり高さを追求しない点は、ドゥオーモにもあてはまる。

＊

　北・中部イタリアの大小の都市には、ゴシック建築の例はいくらでもあるのだが、以下で取り上げるオルヴィエート、シエナ、ラクィラ以外で、代表的なゴシック式の教会建築を探すとすれば、シエナ南西部キゥスディーノにあるサン・ガルガーノ修道院、ペルージャのドゥオーモ、ボローニャのサン・ペトローニオ

教会、アッシジのサン・フランチェスコ教会、フィレンツェのサンタ・マリア・ノヴェッラ教会やサンタ・クローチェ教会などがあげられるだろう。そしてまたイタリアでは、世俗建築も、ゴシックの技法をとり入れたものが多数建てられた。市庁舎や、ポデスタ宮、ポポロ宮、プリオーリ宮など、各都市の統治のための公共建築がゴシックでつくられたので、「イタリアはゴシックだらけ」というのも正しい指摘だろう。

しかし先に指摘したとおり、そのゴシックの精神は、北方とはまったく異質である。とにかく高さを追求しないのである。アッシジのサン・フランチェスコ教会にしても、単廊式の単純なプランであり、垂直性は求められていない。彫刻的な派手さもなく、壁画だけが華やかである。イタリアが、高さを追求することが苦手なのは、つぎの例からもうかがわれる。たとえば、アッシジのサンタ・キアーラ教会（1257〜65）は、14世紀に、正面に向かって左側面に巨大な飛び梁（らしきもの）がつけられ、ヴォールトの重さを吸収しようとしているのだが、その取ってつけたような不格好さに、思わず笑ってしまう。

ミラノのドゥオーモはどうだろうか。高さを追求した唯一のイタリア・ゴシックのようだが、しかし、幅・長さとのバランスとしてはけっして高くない。内部はラテン十字の5廊式で幅広（93m）であり、身廊の高さは45m、もっとも高い尖頭飾りが

サンタ・クローチェ教会　フィレンツェ

パラッツォ・ヴェッキオ　フィレンツェ

プリオーリ宮　ペルージャ

サンタ・キアーラ教会　アッシジ

109mである。ケルン(157m)やウルム(162m)、ボーヴェー(152.6m)よりずっと低い。また、ミラノのドゥオーモでは、尖塔が無数に屋根上に立っているように見えるが、これは「塔」ではなく、じつは人物像や装飾柱であり、いわば「飾り」なのである。巨大な窓のトレーサリーの模様も、複雑な曲線の組み合わせでできている。この、盛期ゴシックをスキップした、フランボワイアンのゴシックをもって、イタリアはゴシックと決別することになる。というより結局、本格的なゴシックは、この国ではひとつも生まれなかったといったほうがよい。

ミラノのドゥオーモ

以下に、イタリアを代表する「ゴシック建築」を観察していくが、イタリアのゴシックは高さを追求するかわりに、むしろ外部・内部をひたすら装飾化する。色彩もデザインも、イタリア的センスがあふれた素晴らしいものである。といっても、こうした教会がどこにでもあるわけではない、富と意志と機会をえた都市でのみ、華麗なゴシック教会は実現した。

中世イタリアの都市国家（コムーネ）は、ゴシック期になって時の盛りを迎えた。13世紀になると、商人・職人グループが台頭し、彼らは同業組合としてアルテ（ギルド）をつくって連帯し、相互扶助を志しながら、政治勢力としても力をつけていく。さらに13世紀半ばに、各都市で地区細胞（街区）を基盤として結成された自衛団体たるポポロ（平民）集団は、その行政官とともに、コムーネおよびその長たるポデスタと対抗し、圧倒していくことになろう。それは、封建的特権を振りかざしてきたマニャーティ（豪族）たちにたいして、ポポロ勢力が、市政の実権を握る時期でもあった。

この飛ぶ鳥を落とす勢いの市民たちが、誇りをもって自分たちの都市を美しく飾り立てようとしたのは、自然の心理であろう。その中心的な対象物が、中心広場・市庁舎とともに、ドゥオーモであった。では、代表的な三つの聖堂を訪ねてみよう。「花咲くゴシック（gotico fiorito）」と称される、名品3点である。

オルヴィエート・シエナ・ラクィラ

私が選んだ名品3点を擁する土地には、共通点がある。

いずれも自然豊かな風景のなか、しかも高地に、その大輪の花を添えるようにドゥオーモが端座している、ということである。

まず最初はオルヴィエート。イタリア中央部のウンブリア州は気候に恵まれ、植生が豊かであり、また山と丘が非常に多く、山に懸かった鳥の巣のように見える丘上都市がいくつもある。ウンブリア州南部、パッリア河の右手にあるオルヴィエートもそのような都市のひとつである。もともとビザンツの飛び地にして、スポレート公領（ランゴバルト領）であったウンブリア周辺地域は、ピピンとカール１世（大帝、国王在位768〜814、皇帝在位800〜814）の「寄進」の結果、教会の領土に属することになった。しかしコムーネが独立の傾向を示すとともに、12世紀からはとくに皇帝と教皇の係争地となった。そうしたなか、ペルージャと並ぶ主要都市オルヴィエートでも、コムーネ発展の波に乗って有力貴族の館がたくさん建てられ、教会もつぎつぎ建設された。近隣都市との闘争や内部の党派争いは絶えなかったが、オルヴィエートはゲルフ党として一貫して教皇に忠誠を保った。そのため教皇の訪問をしばしばうけ、窮地に陥った教皇の逃亡地ともなった。そしてまた長いあいだフィレンツェと協定関係を結んで、平和を追求した。この教皇（庁）との密接なつながりが、この町のドゥオーモを、イタリアでもっとも佳麗なものにする要因となっただろう。

サン・ドメニコ教会　シエナ

パラッツォ・プッブリコとカンポ広場　シエナ

パラッツォ・プッブリコとカンポ広場　シエナ

　つぎに、フィレンツェの南西70kmにあるシエナはどうだろう。シエナもオルヴィエートと同様、丘上都市である。シエナは12世紀末以来、トスカーナにおけるギベリン党の雄となって、ゲルフの総帥(そうすい)ともいえるフィレンツェと、長いあいだ覇権を争った。13世紀には遠隔地商業や銀行業が興隆し、とりわけ教皇庁から十分の一税の徴収を委ねられるなど優遇され、その商人はおおいに力をつけた。1260年には、モンタペルティの合戦において、劣勢を挽回し、フィレンツェとカルロ1世（シャルル・ダンジュー、フランス王ルイ9世の弟、1226〜85、シチリア王在位1266〜82、通称ナポリ王在位1282〜85）の連合軍を破った。その後、ゲルフ党の「九人統治体制」のもと、ペストの大打撃をうける14世紀半ばまで、都市は最盛期を迎える。都市整備も進み、建築物・街路・広場が刷新され、美しい「ゴシック都市」となった。しかし14世紀後半からは衰退の一途をたどり、ついには1559年にメディチ家の領土となって、町中に「五つの丸薬印」が貼りつけられることになるのだが、美しい

トスカーナの田園風景

アブルッツォ自然風景

　中世の町並み、教会はほとんど手を触れられぬまま、永遠なる姿を今日まで伝えている。そのなかでも世界に誇る美は、カンポ広場とドゥオーモ(→p81)である。
　三つ目のラクィラのあるアブルッツォ地方(州)は、まだ日本ではほとんど馴染みがあるまい。この州は、イタリア中部、ローマのあるラツィオ州の東方、北のマルケ州と南のモリーゼ州に挟まれ、アペニン山脈からアドリア海にかけて広がっている。イタリア屈指の大山地、マイエッラ山系とグラン・サッソ山系を抱え、最高峰は3000m近い。それゆえ、冬は北のアルプス地方と並ぶ、より安価にすませられるスキー場、夏は風光明媚な避暑地として旅行客を集め、また野生動物の保護地区としても知られている。植生も豊富で、ブナ、カシ、マツ、カエデ、トルコオーク、トネリコ、トキワガシ、さらに無数の薬草が自生している。なだらかな丘に挟まれた盆地の赤や黄の花が、勾玉を散らしたように見える緑の草原、のんびり草を食む羊や牛たち、多くの渓流や湧水、その背後に控える峻険な山々……こうした、幼き日の夢の世界に紛れ込んだかのような、イ

第4章　花咲くファサード──イタリア・ゴシックの真骨頂　77

ラクィラの目抜き通り

タリア版の「里山」の雰囲気が、アブルッツォにはいたるところに残っている。

　このアブルッツォ地方の州都ラクィラは、シチリア王となったフェデリーコ2世（フリードリヒ2世）が、王国を安定させるための戦略拠点と考えたこの地方に、いくつかの村をもとに建設し、対教皇の前線基地とした。つまり人工的につくられた計画都市なのである。ラクィラの完成は、フェデリーコ2世の息子のコンラート4世（シチリア王在位1250〜54、ドイツ王在位1237〜54）時代、1254年のことであった。その後いったん破壊されたが、1266年以後また再建された。計画都市ゆえの、碁盤目状の街区が形成されたが、これは中世ではきわめて珍しい。格子の編み目により99の街区ができあがり、それぞれが広場と教会と泉をひとつずつもつという、徹底性であった。しかし、上から見れば碁盤目状とはいえ、渓谷の斜面につくられているため、勾配が多くて平坦な道はほとんどなく、それが、グラン・サッソはじめ2000m超級の山脈が屏風のように周囲に立ちふさがるパノラマとあいまって、歩行者の移動する目に、精彩ある景観を現出させている。

　こうしたパノラミックな高原(721m)に位置するラクィラのなかの、さらに展望テラスのような町はずれの平地に、私たちのめざすゴシック建築（コッレマッジョのサンタ・マリア教会）はある。

＊

　以上のように、「花咲くゴシック」を擁する都市は、いずれも平坦な地にはない。シエナとオルヴィエート（標高325m）は、文字通り丘上都市であるし、ラクィラは、やはり標高700mを超える地にあって、その周囲を峨々たる山脈が囲んでいる。こう見てくると、まさにこうした孤絶した立地に、まるで山巓（さんてん）にただ一本咲き誇る大輪の花のようにして、花咲くゴシック教会が建てられたのだと考えられる。そう、イタリアのゴシックの粋は、北方の司教座都市におけるように、他の建物群に挟まれて、天を摩する鋭さで背伸びするのではなく、自らの丈は低くとも、自然の立地を助けにして、天との霊妙なる対話を交わしているのである。それは、大地と空の婚姻を言祝（ことほ）ぐ貴石のようでもある。

ゴシック建築を歩く

オルヴィエート　Orvieto

ドゥオーモ　Duomo di Orvieto

　オルヴィエートには、町の至宝、賛嘆すべきドゥオーモがある。美がギュッと凝縮した感じで、几帳面に整った外貌をもつこのドゥオーモを、偉大なイタリア・ルネサンスの研究者J.ブルクハルトが、「世界でもっとも偉大で豊かな多色モニュメントだ」と賞賛している。

　このドゥオーモ建立きっかけになったのは、ある「奇蹟」であった。それは1263年、ボルセーナでおきた聖体の奇蹟である。すなわち聖体の秘蹟に疑念をもったボヘミアの司祭の前で、聖体パンから血がほとばしりでて聖体布を浸す、という奇蹟がおきたのである。フェデリーコ2世の庶子でシチリア王の摂政を務めていたマンフレーディ(シチリア王在位1258〜66)の軍隊の追跡を逃れてオルヴィエートに滞在していた教皇ウルバヌス4世(在位1261〜64)は、司教をボルセーナに派遣して、聖体布を運ばせた。その奇蹟の聖遺物に熱狂した民衆そしてオルヴィエート司教は、これを守り保管するにふさわしい、既存のどのドゥオーモをも凌駕する美しく偉大なドゥオーモを新設して、古いドゥオーモに取ってかえることにしたのである。

　1290年、工事が始まり、およそ3世紀にもわたってつづけられた。アルノルフォ・ディ・カンビオ(1240頃〜1302)とフラ・ベヴィニャーテ(1250(?)〜1305以後)、ついでジョヴァンニ・ウグッチョーネ(14世紀前半に活躍)とロレンツォ・マイターニ(1275以前〜1330)というように、優れた建築家が設計・指揮にあたり、現在も見られる構造がほぼできあがったが、その後も多くの建築家が引き継いで細部を整えていった。

　ファサードは華麗で気品がある。そこには前面に迫り出すように4本の多角塔が並んでおり、頂はペンのように尖っている。これらの塔が縦の仕切り線となって軀体

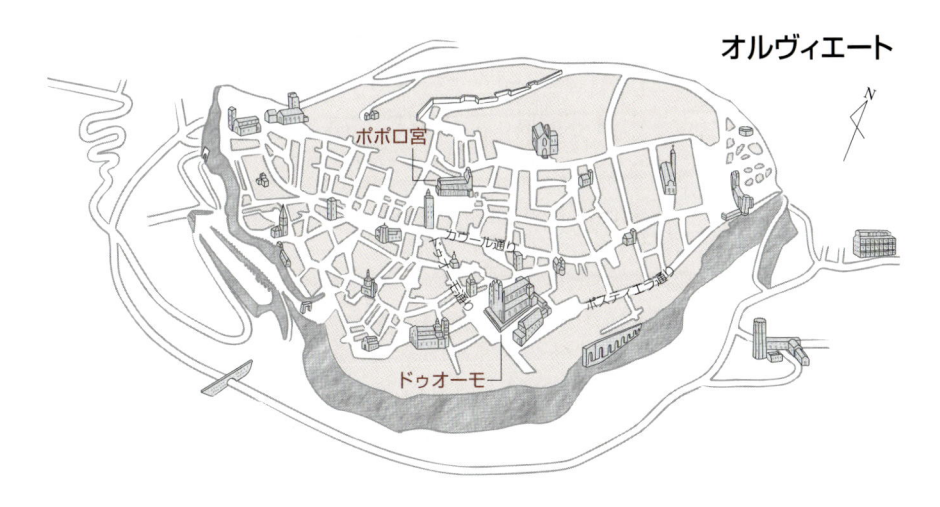

オルヴィエート

ドゥオーモ　オルヴィエート

（全体の構造）の3身廊と対応する。真ん中には巨大な薔薇窓があり、その周囲を正方形がいく重にも取り囲み、相互のあいだにはさまざまな装飾が施されている。さらに外のほうを囲む小アーケードには、1人ずつ人物像が入っている。このあたりは、石の細工というより、ペルシア絨毯の繊細な織り地といったほうがよいほどだ。4本のピラスター下方の薄肉彫りも繊細無比の素晴らしさを誇っている。その浮彫り部分は112㎡がいくつものコンパートメントに分かれて、そのなかに創世記の逸話や、キリストによる贖罪、最後の審判、天国と地獄などが描かれている。基底部の支柱のあいだには、三つの扉が開いている。中央扉は、何重も綱を重ねたようなアーキヴォールトと隅切りによって逆U字型にとり囲まれているが、その隅切り部分は、小さな螺旋円柱、八角形柱、大理石の葉、モザイクなどの多様な幾何模様や捩り模様で飾られている。両脇の二つの扉上には、半円アーチの中央と違い、尖頭アーチが載っている。それら三つの扉の上方には、三つの尖頭飾りが、小円柱とその上の三つ葉模様アーチが連続的に並ぶ小開廊（ギャラリー）まで届いている。そのエレガントな小開廊はファサード全体を横断し、1階部分と2階部分を、高さのほぼ中央で区切っている。他のすべての空き空間には、金地に赤と青のモザイクが輝いている。

　内部は3廊式で、壁も太い円柱も黒白の横縞である。天井は、いずれも美しい装飾をほどこされた柱頭をもつ10本の円柱と2本のピアーで支えられている。側廊には10の祭室があり、多くの彫像がおさめられているが、とくに古いフレスコ画の名残が興味深い。かように、まさに繊細にして完璧な細工物を巨大化したようなドゥオー

モ。この唯一無二の美しさは、奇蹟のようにこの地に実現した。シエナとの類似性はあるが、オルヴィエートのものは小振りでより合理的で、視線は満ち足りて美に憩うことができる。装飾の工夫は緻密だが過剰に陥らず、均衡がとれている点、シエナよりも優れていよう。

シエナ　Siena

ドゥオーモ　Duomo di Siena

　オルヴィエートのドゥオーモと雰囲気がよく似ていて、しばしば並び称されるのがシエナのドゥオーモである。その大聖堂は、標高310mと、シエナのもっとも高いところにある地区——カステルヴェキオの丘とサンタ・マリアの丘からなる地区——に立っている。様式としてはロマネスクからゴシックにかけての建物であり、ファサードは、イタリアでもっとも派手な装飾で飾られているのではないだろうか。花咲くゴシックの筆頭である。商業・銀行業の発展により繁栄を極めた13世紀には、シエナ市民は自分たちの栄えある都市にふさわしく、古いドゥオーモを建て直し、もっとも素晴らしいものにしようと考えた。そして建築が始められ、ニコラ・ピサーノ(→p.58)と息子のジョヴァンニ・ピサーノが、長いあいだ現場監督を務めた。ドームが1264年に架けられて、聖堂は一応の完成

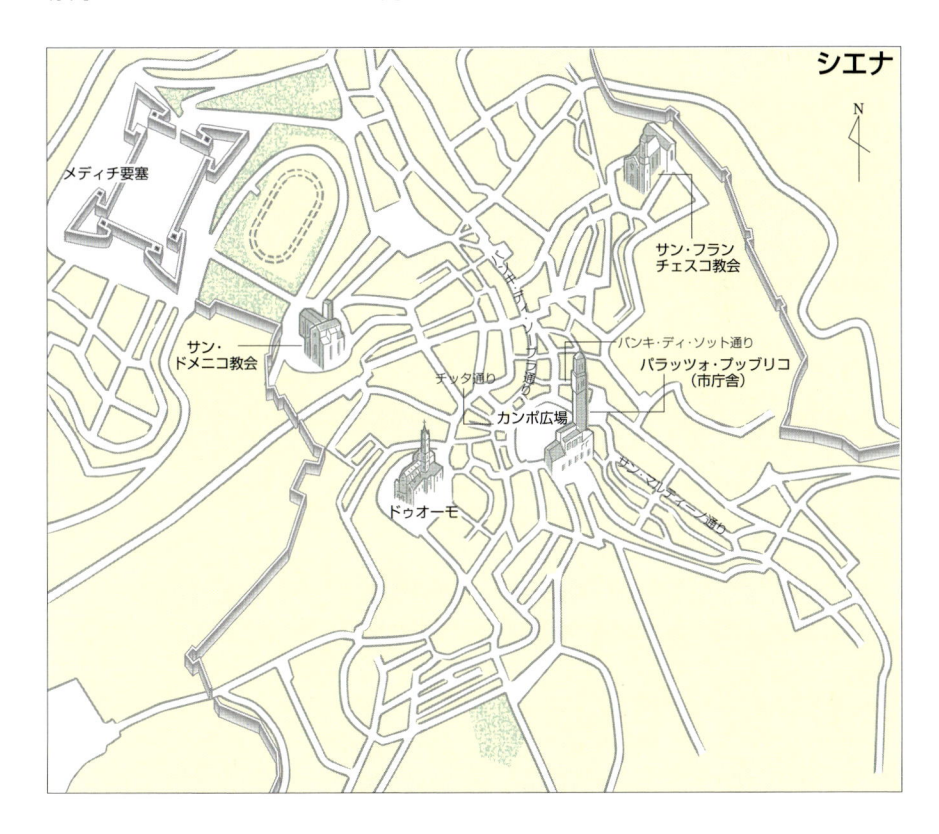

第4章　花咲くファサード——イタリア・ゴシックの真骨頂

シエナのドゥオーモ

を見るが、その後も装飾を中心に手を加えつづけられた。その外観は、まさに壮麗無比であり、モンタニョーラ産の白大理石を惜しげもなく使用して、日を浴びて皎々と輝きわたっている。しかし少し注意すれば、建物は純白ではなく、側面全体が「縞模様」になっていることがすぐわかる。白石とプラート産の暗緑色の大理石は、交互に層をなして、規則的な縞模様をつくりだしているのである。この種の縞模様は、他の地域の教会にも見られ、とりたてて珍しいわけではないが、シエナでは堂内の柱・壁も、全体が白と暗緑色の大理石でつくられていて、横縞模様が表裏相呼応しているのが、特筆すべき事実である。

　ファサードは、白とピンク・暗緑色の大理石でこのうえなく華麗に飾られている。そこにはまさに、歴代の芸術家たちの巧みの精華があらわれている。まるで巨大なカメオのようでもある。それは扉口や柱、アーチといった構造体に加え、さらに無数の尖塔・彫像・モザイク・小開廊で装飾されている。ファサードは2層に分かれており、著名な彫刻家ジョヴァンニ・ピサーノ(→

シエナのドゥオーモ遠景

とりわけ主身廊および内陣上部のアーチとヴォールト天井のあいだのコーニスを下から支えるかのように、172もの教皇像が持ち送りとなって並んでいるし、濃紺地の天井にも金の星が鏤められている。だが最大の驚きは、ドゥオーモの舗床(ちりば)全面を麗しくも飾る聖書の逸話やシビュラ（古代の女予言者）像である。これらの図像は、紅、黒、白──ところどころ黄や緑もある──の高貴な色大理石によるモザイクとして描かれている。

ラクィラ　L' Aquila

コッレマッジョのサンタ・マリア教会
Basilica di Santa Maria di Collemaggio

　シエナやオルヴィエートとは、べつの美意識で飾られたゴシック教会もある。ラクィラの市門近くにある**コッレマッジョのサンタ・マリア教会**である。コッレマッジョのサンタ・マリア教会は、市の中心部からはやや離れた、周縁部の出っ張った平地に孤立して立っているが、右手に山脈、左手に市街地と、それぞれ谷を挟んで望むという立地が選ばれた理由は、もちろんそれがドゥオーモ──こちらは、市の中心広場に、冴えないモダンな姿で建っている──ではなく修道院付属教会ゆえだろうが、それでも絶対の動かしがたい必然性が、その場所にはあると思わせる。13世紀末葉か14世紀初頭にできたこの教会は、内部の様式としてはロマネスクだが、装飾を含めれば、イタリア屈指のゴシック聖堂である。

　やはりポイントはファサードにある。このきまじめな横長の方形のファサードは、まさに碁盤状の建設都市の形にふさわしい

p.58)が設計して、13世紀末から14世紀初頭にかけてつくられたロマネスク風の下層部には、三つの扉口が開いている。中央扉両脇の装飾帯は、石でつくられているとは思えないくらい、あたかも太い綱を編み上げているかのように見事に捻(ね)れている。上層部は三つの尖塔飾りがついていてゴシック風だが、やはり豪華絢爛たる装飾で覆いつくされている。最上部の完成は、14世紀末になってからであった。ドゥオーモ内部はどうだろうか。その広壮さ（長さ89m40㎝、身廊幅24m37㎝、交差部幅54m48㎝)とともに、ファサードに劣らぬ装飾の過多・豪儀さに、ふたたび圧倒される。ラテン十字で束ね柱の列によって区画された3廊式の教会だが、いたるところに貫徹する白と暗緑色の横縞模様にまず目を奪われる。しばらくして落ち着いて周囲を見回すと、さらにおびただしい装飾が発見できる。

第4章　花咲くファサード──イタリア・ゴシックの真骨頂

コッレマッジョのサンタ・マリア教会　ラクィラ

し、その前に広がる広い方形の広場にも、じつによくマッチしている。たとえばここに、シエナやオルヴィエートのドゥオーモのような尖頭装飾を多用した教会、ましてやミラノのフランボワイアン様式の教会をもってくるほど、無様な趣味を露呈することはあるまい。コッレマッジョのサンタ・マリア教会のファサードの装飾は、淡いピンクの小さな花が一面に咲いたような上品な模様だけであり、シエナやオルヴィエートで見た偏執狂的とも評したくなる彫刻・モザイクの過剰な装飾は、ここにはない。素朴な農民と牧夫が、修道士らを敬い、信心を教導してもらう、その殿堂たるにふさわしく、白とピンクの方形・台形石の組み合わせ模様からなる洒脱な装飾が、遠目にはピンクの花が一面に咲いているように見えるのだ。三つの薔薇窓も、中央上段のものが巨大で、左右の狭い中段にある薔薇窓は小振りであるが、それぞれの半円アーチをいただく装飾豊かな扉も中央が大きく左右は小さくしてあり、バランスがとられている。全体の印象はあくまで晴朗闊達で、大水や鉄砲水が険しい溝を刻んだ山脈の斜面、その上方に皚々(がいがい)と輝く残雪、深緑の谷間、手前の広い教会前広場の芝生、澄んだ空気……といった周囲の豊かな自然と絶妙にマッチしている。

　この教会は、毎年8月28日、年一度の大祭、つまりこの町が生んだ悲運の聖人ピエトロ・モッローネ(教皇ケレスティヌス5世、1215頃〜96、在位1294.8〜12)の記念祭がおこなわれることでも知られている。じつはこの教会は「モッローネの貧しき隠者たち」の長であった彼が建てさせた教会であり、また青天の霹靂(へきれき)で教皇に選ばれた齢90近い彼は、1294年に、まさにこの教会で戴冠されたのであった。

サン・ベルナルディーノ教会　ラクィラ

サン・ベルナルディーノ教会
Basilica di San Bernardino

　ちなみにラクィラには、コッレマッジョのサンタ・マリア教会に倣った形態の教会がいくつもある。たとえば市の東方にある、**サン・ベルナルディーノ教会**である。これは、やや横長の長方形のファサードが3層に分かれ、内部の3廊それぞれの扉が二重の円柱のあいだに開いていて、横だけでなく縦の3列構造も表面に浮き出ている。中央最上階に大きな薔薇窓が開き、それを頂点にした低い二等辺三角形の底辺両端に、やや小振りの薔薇窓がある。

　この教会は、1472年にできたルネサンス様式の建物ではあるが、一見して明らかなように、コーラ・ダマトリーチェの設計になるファサードの構成は、コッレマッジョのサンタ・マリア教会と瓜二つである。もちろんルネサンス期の装飾はより凝っていて、男性的なドリス、女性的なイオニア、繊細なコリントという3種のオーダーがそれぞれの層につけられているのであるが、輪郭・構成は、この形しかありえないし、色調もまたそうである。ほかにもラクィラとその周辺では、多くの小さな教会が同様なファサードをもっている。たとえばおなじ町のサンタ・ジュスタ教会(13世紀半ば～14世紀半ばに建設)、サン・シルヴェストロ教会(14世紀建設)がそうであり、また、マノペッロのサントゥアリオ・デル・ヴォルト・サントやアトリのドゥオーモ(12世紀建設)のファサードが、類似の形態である。イタリアをあちこち歩いていると、風土や市民の気質、あるいは歴史的伝統が、その地域独自の「形」を多くの建物に刻印することを身に沁みて感じることが、しばしばある。

第5章
調和と比例——アルベルティのルネサンス

ゴシックを否定したルネサンス

　都市の公共建築の多くを支配していたゴシック建築を、古典風の美しい建物につくりかえたい、キケロ（前106～前43）やウェルギリウス（前70～前19）が文学において模倣・再生されているのと等しい当世風運動を建築界にも持ち込み、古代建築を模した美しい建物を町中につくるべきだ……15世紀の扉が開かれルネサンスの花が綻びはじめた時代に、このような願いが、進取の気の旺盛な市民たちのあいだにふくらんできた。

　その随一の実験場が、ルネサンス文化発祥の地、フィレンツェであった。フィレンツェの主だった建物の多くは、すでに14世紀には建てられていて、新たに建築する余地はほとんどなかった。しかも、サンタ・クローチェとサンタ・マリア・ノヴェッラの二つの托鉢修道会の建物、パラッツォ・ヴェッキオ、ポデスタ宮、バルジェッロなど、いずれもゴシック様式の厳格で誇らかな大建築であった。ほかにより古くから建っていた建物も、ゴシックに改築されているものが多かった。これらゴシックの支配下にあったフィレンツェを、ルネサンス様式に衣更えさせるのが、15世紀建築家の務めであった。

　もちろん、忘れられた古典ギリシア・ローマの規矩を探すのに最適なのは、いまだ数多なるローマ建築が残っている永遠の都ローマに赴いて、その遺跡をいくつも訪ね、測量し、図面に描いてみること、およびウィトルウィウスの建築書を座右の書として絶えず参看する、ということだったろう。

　意気に燃える建築家たちは、ローマに行って遺跡を観察・調査し、あるいは再発見されたウィトルウィウスの建築書からオーダー——円柱とそれが支える上部構造（エンタブラチャー）のまとまりの形式のこと——を学び、それを中心にして、全体の建物の諸部分の配置と結合についての規則をうちたてた。その結果、いわば統辞論的なアプローチで建築に相対することになり、全体の意味は、諸部分がいかなる結合法で結ばれているかによって規定されることになった。そしてどのオーダー

ストロッツィ邸館　フィレンツェ

チェッポ施療院　ジョヴァンニ・デッラ・ロッビアのフリーズで飾られている。ピストイア

を使うかで、垂直・水平両次元の関係が変わってきて、窓やエンタブラチャーの種類も変更をよぎなくされた。このように、ギリシア建築を基礎づけていたオーダーが再発見されたのが、ルネサンス時代であったのである。

　こう書くと、ルネサンスの建築家らは、ギリシアやローマの建築技法と規則を墨守したように思われるかもしれないが、じつは彼らが実現した古典的建物とは、ギリシアはもちろん、ローマの建築をそのまま再現したものではない。彼ら流の「再現」とは、15世紀のルネサンス人の考える理想の「ローマ」の再現なのであり、その当代風の価値観への「翻訳」なのであった。

　その証拠に、ローマの凱旋門をはじめとする「モチーフ」を、教会のファサードに持ち込んだり、あるいは、古代神殿から借用したドリス式、イオニア式、コリント式の「オーダー」を、邸館の窓に適用したり、やはり古典的な付け柱を、建物の外面に利用する、といったことを自由気ままにしているのである。だから部分部分はローマ的・ギリシア的でも、全体を見れば、いまだかつてこの世に存在しなかった、まさにルネサ

第5章　調和と比例──アルベルティのルネサンス　87

シス的なる建築がつぎつぎつくられていったのである。

それでもルネサンス的な建築は、古典的なる規範を夢想していたことは疑いない。それは、調和と比例の徹底的研究による美の探求であり、そのときにモデルとされた理想的人体の追求であり、さらに基本的な幾何学的形態としての、円（半円）と正方形・方形への偏愛である。シンメトリー、左右対称が心地よいとされたのも、人間の身体との類同性からだろう。比例（プロポーション）のルールも甦って、ルネサンス建築を規定するようになる。これにより建築のあり方は、ゴシックの機能的意味の原理から大きく乖離していく。

もうひとつ、おなじ部分を繰り返す規則的な反復で、心地よいリズムを感ずることができるのも、ルネサンス建築の特徴である。オーダーであれ、さまざまな装飾であれ、ファサードの円や方形であれ、そうである。さらにルネサンスの空間においては、どのレベルでも基本的に同一の幾何学により構造化された等質空間が、はじめてあらわれた。だが、一見同一形態の反復ではなく、シンメトリーでもないが、異なったモノが全体として調和する多様性の統一、すなわちハーモニーは、さらに重要だろう。それは有機的な統合性であり、ここにはなにもつけ足したりとり去ったりできないと感じられる。しかも死んだ形式ではなく、生き生きと脈動しているように、内的な生命力をそこからえることができる。この「多様性の統一」を実現する努力こそ、ルネサンスの建築家の真骨頂ではないだろうか。

フィレンツェにおいては、ブルネッレスキやアルベルティという建築家が古代のモチーフと理路を復興させ、統制された美しい比例・均整をなにより重んずる感性を広めていった。彼らによってルネサンス建築は始まり、いや早々と完成したのである。

ルネサンスの建築家ブルネッレスキ

ルネサンス的な建築の原理を最初に体系的に学びとって、それをもとに優れた作品を設計したのは、フィリッポ・ブルネッレスキ（1377～1446）である。彼はもともと金銀細工師だったが、途中から建築家をめざした。そして彼の古代ローマ建築の研

サン・ベルナルディーノ礼拝堂
ペルージャ

サンタ・マリア・デル・フィオーレ大聖堂遠景　フィレンツェ

サント・スピリト教会内部　フィレンツェ　　　　サン・ロレンツォ教会内部のクーポラ　フィレンツェ

究と建築家としての実践によって、フィレンツェのルネサンス建築が始まったのである。半円アーチ・平坦天井・古代式円柱を利用し、ゴシック的形態を打破したブルネッレスキは、幾何学を適用し、平面・断面・立面すべてにおいて明快な比率と数学的比例を徹底させ、同様な秩序で空間を構成した。彼の形態は1480年頃までに古典様式の基準として受け入れられ、その教会堂は、ラテン十字型平面タイプおよび集中式平面タイプいずれでも、教会堂建築の模範とみなされる。

　ローマでローマ人のヴォールト工法の原理の習得をしたブルネッレスキは、集中式の小教会をいくつも設計しているが、それよりも注目すべきは、大教会の主身廊に、巨大ドームを架けて、バシリカ型の方形に円形が組み込まれるような建物をつくったことである。彼の名声は、サンタ・マリア・デル・フィオーレ大聖堂の大円蓋(高さ107m、内径43m)を架けるという、前人未到の奇蹟的壮図に挑戦して、見事成功をおさめたことで頂点に達した。このドームは、アルノルフォ・ディ・カンビオ(1240頃〜1302)、フランチェスコ・タレンティ(1300頃〜69)らが試みたがあえなく挫折したすえに、1426年、ブルネッレスキがその責任を一任された。36年まで10年間の歳月をかけ、ようやくドームは架けられた。彼は、八角形の二重殻構造を採用したのだが、その際、既存の強固な内側隅部の八つのリブを利用し、上方に伸びて一定の比率で狭まりながら、8面

捨子養育院　フィレンツェ

の円蓋(球面三角形)の外部に姿をあらわす張出しアーチ部分にする工夫をした。さらにリブとリブのあいだに補強リブをおいて、それらを水平方向アーチで結んだ。とくにすばらしかったのは、煉瓦と石を円形に積んでゆくという困難を見事に克服したことである。それは、ローマで古代遺跡の熱心な研究をし、また厳密な計算と幾何の知識、洗練された技術の持ち主だったからこそ達しえたのである。

　ほかに彼は、フィレンツェ市内と近隣都市に、モジュール・プランを使っていくつも明快な秩序で典雅な建築を設計している。ジョヴァンニ・デ・メディチの要請でメディチ家の家族教会堂として建てられ、オーダーの柱間の長さをモジュールとしてその倍数で空間を設計した3廊式のサン・ロレンツォ教会は、彼の代表作の一つである。その旧聖具室は部屋自体が立方体になっていて、その上に半球のクーポラが載り、壁面やクーポラ下部の窓を含め、全体が大小の正方形と円・半円の組み合わせからなっている。アンヌンツィアータ広場の一面を占める、優美で軽快な円柱がリズミカルに並ぶ外部開廊をそなえた捨子養育院は、遠近法的な視角を予想した組織的空間構成である。サンタ・トリニタ橋をアルノ河左岸にわたったところにあり、装飾を最低限に抑えたなかで柱とアーチの比例がきわだつアウグスティノ会のサント・スピリト教会、あるいはフランシスコ会の拠点たるサンタ・クローチェ教会のなかにある

第5章　調和と比例──アルベルティのルネサンス

サンタ・クローチェ教会　パッツィ家礼拝堂のクーポラ　フィレンツェ

サンタ・クローチェ教会内部　タッデオ・ガッディ画「十字架のアレゴリー」（1330年代）　フィレンツェ

簡潔な集中式の建築で、円窓と明りとりからの光がベージュの壁に明るく反射して壁が光っているように見えるパッツィ家礼拝堂などが、彼の代表作だ。いずれも明晰な構成で、立方体・半球体、正方形・円といった図形を駆使した、比率とシンメトリー、そして完璧な幾何学の模範作品のようである。

*

　教会の内部空間の完璧な美の規則性を発見したブルネッレスキは、後続の他の多くの建築家たちにとって、けっして無視できない霊感の源となった。彼は、ファサードの完璧な美を実現したアルベルティに勝るとも劣らぬ影響力を、フィレンツェばかりか、イタリア、いやヨーロッパ中に直接・間接におよぼすことになった、といって言い過ぎではなかろう。

　だが彼ら以外に、フィレンツェ社会の実利的な要請に合わせて、パトロンのために建物を建てた有能な建築家が輩出したことを、見落としてはならない。次節で詳しくその作品を検討するアルベルティのほかに、つぎのような建築家がいる。

　もっとも多産なのは、ミケロッツォ・ディ・バルトロ〔ミケロッツォ・ミケロッツィ〕（1396〜1472）である。彼は、アルベルティやブルネッレスキのようには理論的な教育をうけておらず、天分も欠けていたが、メディチ家の御用建築家となって、ラルガ通りにあるメディチ邸館——現在のリッカルディ邸館（1444〜59年）——を建てたことで知られている。これは粗石組積み造りの建物

で、堂々たる外観を与える古代風コーニスを有し、以後の貴族の邸館のモデルとなった。また、コジモ(1389〜1464)の依頼で1437年より再建にとりかかったサン・マルコ修道院は、比率の規則性、装飾のシンプルさ、諸部分の完全な秩序がルネサンス的であり、さらに彼は、メディチ家のためにいくつものヴィッラを設計した。

　アルベルティのよき理解者にして協力者であった建築家ベルナルド・ロッセッリーノ(1409〜64)も忘れてはならない。彼は、サン・マルコ修道院とともに純粋なルネサンス様式の最初の修道院として知られるサンタ・マリア・アッレ・カンポラ修道院の建築を指揮し、調和のとれた諸部分の関係、秩序・安定性・壮大さを特徴とする古典的な様式を、修道院建築に蘇らせた。その典雅な様式は、初期の傑作、サンタ・クローチェ教会のスピネッリ回廊(1448〜51)にもあらわれている。アルベルティとともに、教皇ニコラウス5世(在位1447〜55)のローマでの建築スタッフの1人に選ばれて、都市建築再生デザインに協力したことが、都市全体の空間のなかでの建築という、都市プランの重要性を会得する機会になった。フィレンツェ帰還後は、

メディチ邸館　フィレンツェ

メディチ邸館中庭　フィレンツェ

第5章　調和と比例——アルベルティのルネサンス

ミケロッツォ以上に評価の高い建築家として、引く手数多であった。アルベルティとの協力作品としては、ルチェッライ邸館(→p.96)、あるいはピエンツァの建物群がある。

人文主義者＝建築家アルベルティ

　ルネサンス期に、もっとも斬新で意外性と奇想に満ちながら、しっぽりと美しく都市空間におさまる建築物を設計したのは、レオン・バッティスタ・アルベルティ (1404〜72)であった。彼は、いわゆる「万能人」であり、文学、思想、芸術、建築、数学、そして体育能力に抜群に秀でていた。建築家としての仕事が一番よく知られているが、市民あるいは家族の一員としての道徳を、ギリシア・ローマの古典から想をえて、上流市民(商人階層)に提示した人文主義者としての業績が、もっとも重要であろう。

　強調しておきたいのは、人文主義思想と、建築家としての思想・構想は、べつべつのものではなく、密接に結びついていたことである。すなわち、アルベルティの建築にたいするアプローチは、その古代の思想と建築についてのこのうえなく深く広い知識に由来するのである。この文学的なバックグラウンドは、先行する建築家と彼とを大きく分かつ分水嶺であった。前者はせいぜい建築の親方職人・現場技師であり、技術や器用さ、発想や経験や指導力はあっても、それを根拠づける確とした理論がなかった。それにたいしてアルベルティは、第一級の科学教育をうけ、しかも最高の文人としての評価をえていて、その経験と思想を、従来あいいれないと信じられてきた建築の実践的要素と融合させたのである。

　アルベルティが40歳のときに書きはじめた『建築論』(執筆1443〜52)に、そのエッセンスが詰まっている。その頃再発見された古代ローマの偉大な建築理論家ウィトルウィウスの理論を範としつつも、それを模倣するのではなく、独自の言語と理論で再構築し、たとえば自分なりのオーダーや比例理論を手に入れている。権威を規範としながらも墨守盲従せず、その超克をめざし、つねに励起した〈理性〉をもって漸進的に現在を未来に脱皮させようとしたのであった。なぜなら彼は、都

市国家の福利と繁栄に必要な調和を促進する社会的・政治的な行為としての建築理念を、理解あるパトロンとともに抱いていたからだ。

　アルベルティは、古代の先人から二つの指導原理を引き出す。それは、(1)建物における比率の正しさ、そして(2)建物と人体との類比である。これらは、諸部分のバラバラの寄せ集めではなく、全体としての有機的調和を建築に要請するための原理であり、彼はそのモデルとなる理想的身体とそれに内在する比率を算定した。ようするに芸術としての建築、市民的な活動としての建築を統べる、数学的構造原理を探求しようとしたのである。

　彼にとっては、世界は全体としても部分としても、有機体として構成要素の調和からなる麗しき組織体であったし、またそうあるべきであった。そしてその自然世界の美を、人工の力によって都市世界に実現することこそ、建築家の務め、創造主にもみまごう誇り高き務めであった。彼は『建築論』において、建築物およびその諸部分の完全な美を実現し、それが個人・家族・祖国(の都市)の上に輝き亘るようにするための、原理を見つけだす課題を自らに課した。彼によると建築は、唯一の規則によって諸部分が結びつけられ、関係づけられて、秩序立てられねばならない。それは均整 (concinnitas)という規則であり、三つの美的カテゴリーに照応し、建築の具体化を指揮する。三つのカテゴリーとは(1)量の調和(numerus)、(2)線の調和(finitio)、(3)位置の関係(collocatio)である。そしてこれらすべてがしっかりと組み合わされ合体したときには、美しさの全貌すなわち「均整」が顕現し、優美と装飾を成功に導くことになる。アルベルティがめざしたのは、それぞれが相互にバラバラであるような諸部分を、理論的方法で、視覚的に相互に対応するように構成することであり、じつは建築だけでなく人間のあらゆる生活や法をも包み込み、いや自然全体に関係している。自然は均整の規範によって調整されているのであり、自然こそ建築の模範となる、と彼はいう。

　では、これらの規則をもちい、組み合わせて、彼はどんな建物を建てたのだろうか、実見してみよう。

アルベルティの
ルネサンス建築を歩く

フィレンツェ　Firenze

ルチェッライ邸館　Palazzo Rucellai

　アルベルティは、権力に盲従することを潔しとしない自由な精神をもっていた。しかし知識人＝建築家としての矜持をもちつつも、いく人かのパトロン、友人らの支援をうけなければ、その天分を形にすることはできなかった。豪族間の政争の結果、アルベルティの一族は故郷のフィレンツェから追放されており、彼が生まれたのは亡命先の異郷（ジェノヴァ）であった。しかし、彼の胸中ではフィレンツェへの郷愁はやむことなく、許されて帰国した花の都において、彼の建築への情熱は開花することになるのである。

　彼がまず手掛けたのは、世俗建築であった。それはルネサンス期に新たな建築タイプとして登場した貴族の邸館（パラッツォ）である。15世紀フィレンツェで発展したこの

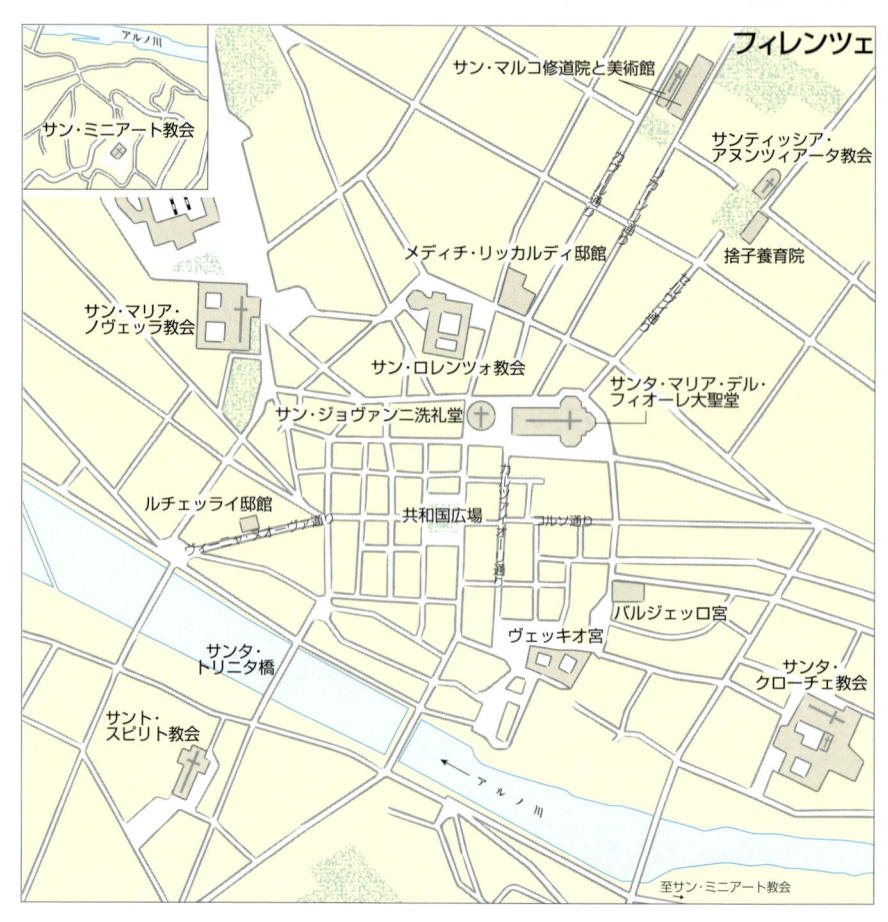

ルチェッライ邸館　フィレンツェ

第5章　調和と比例──アルベルティのルネサンス

タイプの基本型は、コルティーレ(中庭)を中心とし、2〜3層のアーケードで取り囲まれた正方形の構造体である。貴族家系は、その邸館の規模と形態を工夫することで、広く市民的脈絡のなかに一族の地位を明示しようと努めた。街路に面した1階部分は、周囲の商店・工房と違和感のないような、庶民的なつくりになっており、上階(主階)が家族の居室・客室などになっている。

ルチェッライ邸館は、1446〜51年頃、フィレンツェの有力貴族のひとつに属するジョヴァンニ・ルチェッライ(1475〜1525)が、家族の名誉のために莫大な資産を投じて再建を計画し、アルベルティの指示のもとに、ベルナルド・ロッセッリーノ(→p.93)を現場の監督として建設された。ミケロッツォのメディチ邸館と、アーケード付中庭、上層階の2連窓をもつルスティカ積み(粗石組積み造り)のファサードなど、一見類似しているが、無骨で堅牢なメディチ邸館に比し、ルチェッライ邸館はずっと優雅で端正でリズミカルなファサードをもっている。よく見ると、3階建てファサードのギリシア式付け柱がすべてピエトラ・フォルテ砂岩製で、伝統的な2連窓内の小柱の上にはエンタブラチャーが挿入されている。ベイ(つまり古典的オーダー)が層状に積み重ねられ、しかも1階ドリス式、2階イオニア式、3階コリント式、と異なるオーダーがもちいられており、全面的なオーダー利用のはじめてのケースである。壁面分節が計算され、工夫が加えられていて、規則的だが単調ではない優美な作品となっている。

サンタ・マリア・ノヴェッラ教会
Basilica di Santa Maria Novella

アルベルティは、友人のジョヴァンニ・ルチェッライからほかにも建物の設計を依頼された。それはルチェッライ家の後援するサンタ・マリア・ノヴェッラ教会――典

サンタ・マリア・ノヴェッラ教会　フィレンツェ

サン・ジョヴァンニ洗礼堂　フィレンツェ

型的なゴシック建築——のファサードのみを近代化することであった(1448年着工、70年完成)。豊かな幾何学的パターンの白・緑大理石の嵌め込み表面は、おなじフィレンツェの**サン・ジョヴァンニ洗礼堂**(1128年に正式に市の洗礼堂となる。13世紀にほぼ今の姿となる。)と12世紀の**サン・ミニアート教会**から引用されている。理想の身体の比率の採用——たとえば薔薇窓の中心までの高さとファサードの高さの比率が36対60——、厳密な数と幾何学の適用による円と正方形を大枠とするシンメトリー効果の実現、パンテオン風の中央玄関、広さの異なる二つの階を調和的に結びつける独創的な幾何学模様の渦巻装飾、そして神殿に似た上層階の上の三角破風などが注目に値する。なにげない幾何模様の配置に、徹底的な計算が働いている。

マントヴァ　Mantova

サン・タンドレーア教会
Basilica di Sant' Andrea

マントヴァはロンバルディア平原東部にある町で、ミンチョ河が滞って広く沼地化したものを、中世の水利事業で形を整えてできた三つの湖——上湖(Lago superiore)、中湖(Lago di mezzo)、下湖(Lago inferiore)——に、南をのぞく三方が囲まれている。今でもこの町を歩いてみれば、ポー平野の肥沃な田野を背景に咲いた、文化程度の高い知的で静穏な雰囲気が感じられる。ミラノにほど近いのに、別世界にきた感じがする。この地は、ルネサンス期には、ゴンザーガ家のもと、一級の芸術家が集められ、一族のために建築・絵画が多数制作された。

ドゥカーレ宮とソルデッロ広場　マントヴァ

裁判所(Palazzo della Ragione)やポデスタ宮といった中世の市当局の建物の並ぶエルベ広場や、都市のなかの都市といわれたドゥカーレ宮が鎮座するソルデッロ広場を中心に散策していると、中世・ルネサンス人の息吹が吹いてくるようだ。

ここでこの町に注目するのは、アルベルティがおおいに活躍し、傑作を残しているからである。フィレンツェと並ぶ、アルベルティの仕事場だといっていいだろう。彼

第5章　調和と比例——アルベルティのルネサンス

サン・タンドレーア教会交差部のクーポラ　マントヴァ

サン・タンドレーア教会　マントヴァ

は、マントヴァの都市空間を、主要建物や、道路・広場の刷新で一新しようとしたマントヴァの君主、ゴンザーガ家のルドヴィーコ2世（在位1444〜78）の顧問役となって、さまざまな進言をし、自らもいくつかの重要建築物を設計した。現在この町は、一見、多くの邸館（パラッツォ）が採用する新古典主義の建築で覆われているように見えても、その下からルネサンスが大きな存在感のオーラを発散している。それにもっとも貢献したのが、アルベルティであった。

元来ゴシック様式であったサン・タンドレーア教会の改築は、1470年頃から始まった。ここでアルベルティは、フィレンツェのサンタ・マリア・ノヴェッラ教会の場合のように、ファサードを中心に「外皮」を被せるだけではなく、内部空間も徹底的にルネサンス化した。全体のプランは、この地方にかつてつくられたエトルリアの聖堂に似ている。地域の古代の記憶を再生する、アルベルティお得意の手法である。まずファサードだが、中世風のファサード、とくに円窓（oculus）を嫌ったアルベルティは、ここでも奇妙な古代神殿風のフード、凱旋門を前面に被せるようにして、それを二重化した。これによりローマの古典主義をリバイバルさせながら、それを威厳に満ちたキリスト教の建築に改変しているのである。つぎに本体はどうかといえば、ブルネッレスキがサン・ロレンツォ教会（→p.91）やサント・スピリト教会（→p.90）でもちいた身廊・側廊タイプのバシリカ式教会堂は、ここでは放棄されている。かわりにトンネル型ヴォールトを架けた高く堂々たる身廊部（単身廊）を有するラテン十字の型――つまり翼廊はついている――へと向かったのである。雄大な古典的様式の復興と評せよう。

内部は身廊沿いの両側に三つの大きな祭室が巨大なアーケードによって開かれており、より小さな祭室とたがいちがいになっている。そこに凸凹感と開閉リズムが生まれ、このおなじリズムが、翼廊および内陣でも繰り返されている。天井は、ほとんどすべてに半円筒ヴォールトを架している。ブルネッレスキが、等間隔に円柱やピアーを並べて、規則的に反復したところを、アルベルティは変化に富んだリズムをつくるべく、1：3、1：2、2：3、1：1など、さまざまな比の連なりとしている。外部と内部との関連づけは、対になった付け柱と門扉に両脇を固められた大きなアーチのモチーフを、双方で繰り返すことで実現した。凱旋門風のポルティコのほか、ファサードが直接内部に分解・変容しているのはまったく斬新で、後世に多くの模倣者を生み出した。ついでながら、第8章で訪ねる予定

のトリノのバロックの旗手フィリッポ・ユヴァッラ (1678〜1736) の設計したクーポラが、本教会の交差部上に、1732〜65年に付けられたことも覚えておこう。

サン・セバスティアーノ教会
San Sebastiano

プリンチペ・アメデオ通りとG・アチェルビ通りを南に、パラッツォ・デル・テに向かって下ったところには、アルベルティが1460年頃デザインした**サン・セバスティアーノ教会**がある (完成は16世紀初頭)。ここでもアルベルティは、古典的神殿の前面を、伝統的キリスト教の教会堂の要求といかに合致させるかに苦労した。彼はラテン十字のかわりにギリシア十字型を採用し、その腕のひとつに神殿の前面を適用して、この課題を回避した。彼はそのアイディアをローマの墓廟や初期キリスト教のマルテュリウム (殉教者記念堂) からえたのだろう。ラヴェンナのガッラ・プラキディアの墓廟が、その原型の一例である。アルベルティの建物としては地味だが、控え目なラインのなかに、古典的なルネサンス的美が醸成されている。ただし、1925年の修復で、ファサードは元来の姿とはやや変えられてしまった。

リミニ　Rimini

サン・フランチェスコ教会 (マラテスタ神殿)
San Francesco (Tempio Malatestiano)

アルベルティによるより斬新な建物が、エミーリア＝ロマーニャ地方のリミニで実現した。リミニの君主シジスモンド・マラテスタの依頼による、**サン・フランチェスコ教会** (マラテスタ神殿とも呼ばれる) の外観の改変である (1450頃)。現在訪れると、いかにも普請中といった未完成状態が奇妙だが、それなりに調和がとれている。いつものように、旧来のゴシック建築を、外皮の付け替えによってルネサンス化する仕事である。内部の改造・拡大および装飾については、マッテオ・デ・パスティ (?〜1468) および彼の協力者アゴスティーノ・ダントニオ・ディ・ドゥッチオ (1418〜81頃) に任せられた。アルベルティは、既存の建物を新たなファサードで完全に覆ってしまおうと計画した。それは、古い教会のゴシック的イディオムを、それとは水と油の言語およびスタイルで覆って、いわば箱詰めにしてしまうことだった。アルベルティのもともとの目的は、正面にローマの凱旋門を適用することであったという。そして、ローマにあるコンスタンティヌス大帝の凱旋門と、リミニにあるアウグストゥス帝の凱旋門の双方を利用した。当初の計画案には、巨大なパンテオン型ドームも含まれていたようだ。そのうち実現したのはごく一部だが、外面のローマ風装飾は、近く

サン・セバスティアーノ教会　マントヴァ

サン・フランチェスコ教会　リミニ 　　　　　　　サン・フランチェスコ教会の右側面　リミニ

のアウグストゥス帝凱旋門に倣っている。側面には半円アーチとそれを支える太い角柱が均整を保って並び、左右に七つずつのアーケードができている。アーチとアーチのあいだには、円窓がある。角柱はローマのコロッセウムの内部の柱から直接想をえているというし、またアーケードの下に、石棺が据えてあるのもローマ的である。

＊

　ローマ、フィレンツェ、マントヴァ、リミニ以外にも、ヴェネツィア、フェッラーラ、ウルビノなどで彼の霊感はほとばしり、多くの大胆かつ緻密な、古代風にして現代的な、その地域にマッチした融合建築を設計して、都市全体の美化・装飾に貢献したのである。その町や近隣に残る、ローマ(やロマネスク)の建築物の「引用」が、彼の好んだ手法である。

　アルベルティはブルネッレスキ以上に、同時代の都市の現状と歴史とのかかわりを意識した。「自然」が彼の建築の美の理想の源であったが、その建築は土地土地に重層している伝統・過去とも毛細管でつながっていて、切離できないものと考えられていた。だから彼は、たんなる古典主義者で

はないし、また未来派のような、過去を捨てた革新者でももちろんなかった。反面、彼はブルネッレスキほど幾何学の加算的問題には拘泥せず、「多様性の調和」をめざして、より変化に富んだ解法を探求したのである。

　ブルネッレスキやアルベルティらルネサンスの建築家を介して、ローマ的・ギリシア的言語は近代にいたるまでうけつがれ、北方諸国に、いや全世界へと広まることになるだろう。それは、様式としてのルネサンス建築が、地域も時代も限定されて、普及しなかった事実を補ってあまりある功績である。

リミニ地図 (サン・フランチェスコ教会、アウグストゥス帝の凱旋門)

第5章　調和と比例——アルベルティのルネサンス

第6章
ヴィッラの快楽——マニエリスト、パッラディオ

マニエリスム

　ルネサンス文化は、15世紀のフィレンツェで大きく花開いたが、より北方の地方の都市君主、あるいは南のナポリ王国の国王らも学者や芸術家のパトロンとなって、それぞれの支配領域で文化を後援した。ローマでも、教皇ユリウス2世（在位1503〜13）、そしてメディチ家出身のレオ10世（在位1513〜21）のもとでローマとヴァティカンの再建・美化が進められ、とくに建築分野では、ルネサンスの完成体が、この永遠の都で実現した。それはブラマンテ（→p.18）の功績であった。彼は1503〜14年、教皇ユリウス2世の命をうけて、サン・ピエトロ教会の新しい教会堂の計画と建設を指揮し、さらにローマのパンテオンを小さく模したような「テンピエット」を建てた。これら大小二つの建築は集中式構造で、ルネサンス教会堂の極点を印す。

　その後のヨーロッパ建築は、完成したルネサンス建築をいつまでも模倣していくわけでは、もちろんない。が、かといって新しい様式をすぐにつくりだすこともできなかった。ルネサンス的な調和と比例のあまりの徹底ぶりに、閉塞感を感じた人たちが、歪み・ずらし・奇想を駆使し、意図的不調和の「遊び」をしだすのがこの時代であった。ミケランジェロ、ジュリオ・ロマーノ、ラファエロ、バルダッサーレ・ペルッツィ、ピッロ・リゴーリオ、ヴィニョーラ、アントニオ・ダ・サンガッロ、ガレアッツォ・アレッシ、ジャコモ・デッラ・ポルタ、サンソヴィーノ、ブロンツィーノ、ポントルモ、ベルナルド・ボンタレンティ、フェデリーコ・ツッカリ、そして本章の主人公パッラディオといった面々が、そうした「遊び」の仲間たちである。彼らは、「盛期ルネサンス」の一部に組み入れられることもあったが、最近では、ルネサンスからバロックへの移行期に「マニエリスム」の時代があったとされるのが通例なので、ここでもそれに従っておく。

　「マニエリスム」とは、奇想に工夫を凝らし、さまざまな手法（マニエラ）自体を目的にする様式であるが、それは、ローマ

でのルネサンス完成後、もうルネサンス様式の新たな展開はないとして、表面上の小技が工夫されたところから生まれたものである。1521〜44年のイタリア戦争の途中、悪名高い「ローマ劫掠」(1527)があり、それを機に、教皇のもとに参集していた芸術家が各地に散らばった。精神的・物質的支柱を失った建築家たちは、各地で古典的規範から逸脱した動きのある作品をつくりだし、それが16世紀末までつづくのである。

　マニエリスムの典型を最初につくったとされるのが、バルダッサーレ・ペルッツィ(1481〜1536)である。彼がシエナ逃避ののち、ふたたびローマに戻って設計したパラッツォ・マッシモ・アッレ・コロンネがその濫觴だという。この建物のファサードは、主階(ピアノ・ノービレ)にあるべき列柱が地上階にずり下げられ、空間の深みや厳格な幾何学的な空間構成にかえて薄っぺらな表層が設けられ、さらに、古典的プロポーションを歪曲・変形することをためらわなかった。ということで、ルネサンスの古典建築が、あいかわらず規矩として厳存しつつも、その規矩を歪めたり、見掛けだけにしたり、遊びを入れたりといった「マニエラ」が、小気味よい軽快さ・痛快感を与えてくれることに、ペルッツィをはじめとする鋭敏な建築家らは気づいたのである。

ラウレンツィアーナ図書館　フィレンツェ

もう1人、ミケランジェロ・ブオナローティ（1475〜1564）のラウレンツィアーナ図書館（1525〜71年建設、フィレンツェ）の玄関室にも注目しておこう。そこでは、壁の双柱部分が奥に引っ込んでおり、窓は盲窓で、大きな渦巻形の持ち送りは、ドリス式円柱を支えるのではなく、無意味に突出して存在している。壁龕の付け柱の柱身は、下部が一番細く、上に行くにつれ太くなっていて、通常とは逆である。しかも下部は、梁状の台から突きでているように見え、上のペディメントを支えてはいないかのようだ。かくて、構造原理の「視覚化」も無視され、想像力に富んだ型破りな形態が生みだされた。そこにある3分割された階段も、楕円形の階段が連なって滝のように落ちていく奇妙奇天烈な形態で、機能性を重んじるかわりに、一種の宮廷儀礼の表現となっている。いたるところ古典的なモチーフが自由気ままに変容させられている。これは、まさにマニエリスムの流儀であろう。

　さらにジュリオ・ロマーノ（1499〜1546）という、ラファエロの弟子で風変わりな建築家も注視に値する。彼の建築は、その結構は古典的なのだが、表面の規範が徹底的に崩されている。空間には手を触れないが、古典主義の視覚に訴える部分を、レベルをずらしたり、重層させたり、不釣り合いな大きさの付け柱を多用したりして、崩していくのである。もともと構成原理であった柱やコーニスさえ、装飾となる。均衡が微妙にずらされ、窓が中心からはずれていたり、付け柱が1・2階を貫通していたりして、表面の秩序を崩壊させていく。渦巻きやグロテスク模様を多用したのも、そのためだろう。この二次元的な操作が、空間を変容させる三次元になったとき、「バロック」は生まれるのであろう。

　ジュリオ・ロマーノの代表作は、アルベルティが活躍したのとおなじマントヴァの町にある。それは、フェデリーコ・ゴンザーガ（マントヴァ候1519〜30、マントヴァ公1530〜40、モンフェッラート候1536〜40）の依頼によりつくられた「パラッツォ・デル・テ」である。これは町の南方のはずれにある巨大なヴィラであり、完成は1534年のことであった。正方形の中庭を囲んで、四つの低い建築物がある。内部には、「馬の間ま」「プシケの間」「鷲

パラッツォ・デル・テ　庭園からダヴィデの開廊をのぞむ。マントヴァ

パラッツォ・デル・テの中庭　マントヴァ

の間」「ストゥッコの間」「巨人の間」など、フレスコ画によって豪華でグロテスクな装飾を施された主要な部屋が並んでいる。また主軸となる東西の建物の東側には、広大な庭があり、その端を、17世紀につくられた列柱のエクセドラ（古代建築にある半円形ないし長方形プランの窪み）が締め括っている。ダヴィデの開廊が、中庭と庭園を結ぶ光あふれる要素として、要の位置に端座している。

　外からざっと眺めただけでは、中庭を囲んだ単純な矩形に見えるこのヴィッラには、じつは全体構造としても、細部においても、いたるところルネサンス期の古典的な規範からの逸脱が見られるのである。まさに独自の建築言語で、駄洒落・ジョークを連発しているかのようだ。たとえば、ずり落ちて見えるトリグリフ（ドリス式オーダーのフリーズにおいて縦溝のある部分）や、アーチ上部の巨大な要石などがその例である。

　ジュリオ・ロマーノの技法は、後継者がなく、ただ1人の名人芸として終わった。しかし、おなじマニエリストでも、はるかに生真面目で、影響力が深甚であった建築家がいる。パッラディオである。

マニエリスムの建築家パッラディオ

　パッラディオ（1508～80）は、下層の家庭の子として、パドヴ

ァに生まれた。地元の石工親方のもとでの徒弟奉公を途中でやめ、父親とともにヴィチェンツァに行って、石彫り細工を中心とする工房で建築・彫刻全般を学んだ。その後、ヴィチェンツァきっての名家出身で外交官・教皇庁使節としても華々しい活躍をした人文主義者、ジャンジョルジョ・トリッシノ伯（1478～1550）に科学と数学に向いた才能を見いだされ、高度の建築家教育をうけることができた。ウィトルウィウスやセルリオ（1475～1554頃）の書物を研究するのみか、トリッシノ伯とともにローマに何度も出掛けて、古代遺跡やルネサンス建築を実地に学んでいる。

「古典」をなによりも忠実に守ろうとしたパッラディオは、それを意図的に虚仮にし、冗談ばかり言っていたロマーノとは、その姿勢が対極にあるように見える。この謹厳な古典主義者を、マニエリストと呼べるのだろうか。むしろブラマンテとおなじく、ルネサンスの完成者とみなすべきではないのか。

だが、彼をマニエリストと呼ぶべき理由はある。というのも、彼も、ルネサンスの試みが大方でつくした後で、先行する偉大な建築家たちの形式を枠組みに据えながらも、それをいったん解体して「色々な手法で再構成する」という点で、まさにマニエリスムの申し子であったからである。また彼が、オーダーをより厳格にもちいるなど、ルネサンス期の建築家以上に自作品を古典的モデルに近いものにしようと努めた、といっても、たとえば、付け柱と石積みの対比の独自の解法や、複雑で曖昧な部分構成などもあり、ルネサンス的な比例と調和からずれる部分は少なくない。また、円柱の中心線とコーニスの持ち送りをずらすことで微妙なリズムをつくったり、堂内を歩く人の視線につれて空間リズムが変化するような工夫など、マニエリスム的な特徴を、たしかにそなえていたのである。

パッラディオは、都市のなかでは、どこよりもヴェネト地方のヴィチェンツァと結びついて活躍した。市庁舎や多くの貴族の邸館、さらには、古代ローマ劇場を手本にしてつくった傑作、テアトロ・オリンピコがよく知られている。ヴィチェンツァ以外では、ヴェネツィアが活躍の場であった。ヴェネツィアにはサン・ジョルジョ・マッジョーレ教会とイル・レデントーレ教会をはじめ

イル・レデントーレ教会　ヴェネツィア

運河ごしに正面をのぞむヴィッラ・フォスカリ　ガンバラーレ・ディ・ミーラ（ヴェネツィア地方）

とする、パッラディオの宗教建築がまとまって存在している。

　しかし、パッラディオが理想の古代をつかむ試金石としたのは、ヴィチェンツァの邸館でも、ヴェネツィアの宗教建築でもなく、田園のただなかに、まるで妖精のお城のように美しく点在しているヴィッラではないだろうか。彼は、ヴィチェンツァやヴェネツィアの貴族たち、すなわち商人にして大土地所有者、しばしば都市政治の中枢で議員などを務めた当時のエリート層に依頼されて、農業経営の拠点であったヴィッラを数多く設計したのである。

　パッラディオによるヴィッラのモデルは、つぎのとおりである。主階（ピアノ・ノービレ）の中心部は、オーダーや階段で高貴にされているが、バルケッサつまり両翼部分は、壁土のまま平坦で起伏がなく、装飾もほとんどない。鋭角の切り口、剥き出しに切られた窓などが質素で、貧しい感じさえする。この対比的な要素の併存が、まったく新規である。長く伸びたバルケッサは、使用人部屋と倉庫・作業場を兼ねていて、前面に柱

第6章　ヴィッラの快楽──マニエリスト、パッラディオ

廊を開いている。そして中央には、古代神殿を思わせるポルティコ（柱廊玄関）の使用が、当然のように慣例化していく。

しかしパッラディオの真の偉大さは、画一的なヴィッラをつくらず、すべてのヴィッラの形態が異なっているところからも判断できる。彼は、新たなヴィッラの設計を頼まれるたびごとに、古代の規範にもどってオリジナルな構成モジュールを再考し再工夫した。もちろん、それは依頼主の要望ということもあろうが、土地の状態とその風土に合わせて、形をさまざまに変化させ、そこにしかないデザインを考案したということである。だから彼のヴィッラは、いつでも周囲の自然と調和しており、その土地の形態・起伏・植生などに適合させられている。しかし、ヴィッラが自然に合わせるだけでなく、反対に、ヴィッラは自然に秩序を与え、引き立ててもいるのである。

イデアリストのアルベルティと違い、経験主義者のパッラディオは、現実の自然を見て、その自然の霊の言葉と対話しながら、建物の幾何学的形態を決めていく。ギリシア人がかつておこなったのとおなじように、指一本触れられないほどの完成した相互関係を再現しようとしたのであった。あくまで構成にこだわるアルベルティと、感覚・官能に訴えるリュミニスム（光の明暗法を重視する画法）を追求するパッラディオとの違いも、そこから由来しよう。

パッラディオの真髄を味得するには、光が燦々と降り注ぐヴェネト地方ののどかな田園地帯に多数残る、ヴィッラを実際に訪ねてみなくてはならない。

ヴィッラ探訪

さて、パッラディオのヴィッラめぐりをする前に、このヴェネト地方とヴィッラのかかわりについて、一言、解説しておこう。

くだくだしく説くまでもなく、中世のヴェネツィアは10世紀後半から15世紀まで、ジェノヴァとともに地中海貿易をほぼ襲断し、海洋貿易からえられる富によって栄えた。商人たちは船に乗り込み、コンスタンティノープル、あるいは黒海沿岸都市に居留地をつくって仲介貿易の実を上げた。十字軍も、彼らにとっては、聖地回復の大義を利用しての大きな商売の機会

ヴィッラ・ジュスティニアーニ　ポルトブッフォレ

であった。

　商業や造船業で富をなした貴族たちは、寡頭制的な共和政を護持すべく、特権集団をつくり、ドージェ（統領）を中心に市政を牛耳っていた。ところが1453年にオスマン帝国がコンスタンティノープルを征服し、東ローマ帝国が滅亡すると、ヴェネツィア商人たちは以前のようには優遇されなくなる。しかも15世紀末には、「新航路発見」により、香辛料にせよ砂糖にせよ、中近東をへないで直接、アジアや新大陸からもたらされるようになったし、地中海の制海権もイスラーム教徒に奪われてしまう。

　こうして地中海貿易が停滞すると、貴族たちも農業経営へとむかうことをよぎなくされるのである。これは、海洋都市たるヴェネツィアが、遅ればせにも、フィレンツェなどの内陸都市同様に、領域支配へと舵を切ることになる転換点でもあった。ヴェネト地方では、14世紀まではヴェネツィアが、対抗する専制君主（ミラノのヴィスコンティ、ヴェローナのスカラ、パドヴァのカッラレージなど）配下のコムーネと支配権を争っていたが、15世紀になる

と、ほぼ全域がヴェネツィアの「テッラフェルマ（本土）」となる。そしてその「本土」は、次第に都市にたいして政治的に従属するばかりでなく、経済的にも資源の供給地となっていくのである。

　15世紀後半以降16世紀にかけては、都市の富が、農村に移しかえられた時期でもあった。土地経営が貴族たちにとって富と威信の源泉だとみなされたからである。ヴェネツィア貴族ら富裕市民は、つぎつぎ農地を買い上げて土地を集積していった。また叛乱家系から没収された広大な土地を、非常な安さで手に入れることもできた。困窮している小土地所有の農民家族らには、土地を担保に融資をしたが、それも結局、土地を農民たちから奪う手段となったのである。

　このような経済的・社会的趨勢のなかで、重要な家系に属するテッラフェルマのエリートたちは、土地経営にも力を入れるようになり、そこで、一族のステータス・シンボルとして、都市の邸館や礼拝堂ばかりか、農村にも豪華な「建物」を欲したのである。これこそヴィラであり、夏の別荘としてだけでなく、一年をつうじ、その農業経営の威光輝く拠点となった。ヴィラがあちこちに多数つくられるようになったのは、1540〜80年代である。

　われらがパラディオは、1540年代はじめからヴィチェンツァの貴族らのヴィラを設計していたと推測されるが、やがて50年代になると、むしろヴェネツィアの貴族が顧客＝パトロンの中心になる。彼らは実際、干拓・開墾事業を熱心におこなっていたことが知られている。領主たちのなかには、たとえばヴェネツィアのアルヴィーゼ・コルナーロ（1484頃〜1566）など、積極的に湿原や荒蕪地の干拓・開拓をする者たちもあらわれた。技術的な制約もあり、かならずしもすべて順調ではなかったが、ヴェネツィア当局も特別の役所をつくって土地開発を推進した。彼らのために煉瓦造りのストゥッコ仕上げでつぎつぎとヴィラを建て、ヴィラの「ヴェネト・モデル」を打ち立てたのが、パッラディオであった。

　パッラディオの影響がこの地方でいかに大きかったかは、たとえば、「ヴィラ通り」とでも呼びたくなる県道247号沿いやト

ヴィッラ・ピザーニ　モンタニャーナ（パドヴァ地方）

　トレヴィーゾからヴェネツィアにつうじるテッラオ街道沿い、あるいはヴィットリオ・ヴェネト街道沿いなど、この柔らかな景観の田園地帯には、パッラディオまがいのヴィッラ——たとえばヴィッラ・フランケッティ（現在トレヴィーゾ県の事務所）やヴィッラ・ジュスティニアーニ（現在ホテル）——が無数に立ち並んでいて、今なお個人宅やホテルとして利用されていることからもうかがわれる。
　イタリアには、ローマ郊外にもフィレンツェ郊外にもヴィッラはあるが、ヴェネトのように広い領域に稠密にヴィッラが散らばっている地域は、ほかにない。つまりこの地方でのみ、システマティックな農村地帯の「都市化」が生じたのである。そのきっかけを使ったパッラディオの文明史的な意義も、忘れてはならない。
　代表的なパッラディオのヴィッラについて、以下で簡単に説明していこう。私たちが訪ねられなかった、ヴィッラ・バドエール（フラッタ・ポレージネ）、ヴィッラ・キエリカーティ（ヴァンチムツリオ）、ヴィッラ・サレーゴ（サンタ・ソフィア・ディ・ペデモンテ）なども重要だが、未体験ゆえあえて触れないことにする。

第6章　ヴィッラの快楽——マニエリスト、パッラディオ

パッラディオの
ヴィッラを歩く

ヴィッラ・ポイアーナ　Villa Poiana

　ヴィチェンツァの南、30kmあまりの平原に囲まれた小村ポイアーナ・マッジョーレにあるこのヴィッラは、ヴェネツィア共和国に忠実な、中世にさかのぼる領主家系に属するヴィチェンツァの騎士で、のち、大評議会メンバーになったボニファチオ・ポイアーナが、パッラディオに依頼してつくらせたものである。パッラディオ最初期の作品で、工事は1546年に開始され63年に完成。内部装飾は、ベルナルディーノ・インディア、アンセルモ・カネーラ、バルトロメーオ・リドルフィによる。

　当ヴィッラのファサードは、中央の馬蹄形の扉口、その左右のシンプルな方形の窓、そしてペディメントが主要要素である。細部も比較的単純であり、ルネサンスの明澄さをとどめている。後期パッラディオにおいて不可欠の特徴となる、円柱をいくつも並べ重ねたオーダー建築ではない。同様に、バルケッサがないのも特徴であろう。極度に統合され、抽象的で形而上的な趣きが、この単純さから滲み出る。とりわけ中央にある2対の角柱とそれが支えるアーキトレーヴのきっぱりした直角構成に、それはあらわれている。そして、煉瓦積みとその上に塗られた浮き上がり効果のあるテラコッタの使用により、全身が真珠貝のように輝いている。気負うことなく、しかし、気品がある素晴らしい作品である。このヴィッラにだけ見いだされる魅惑の小工夫は、正面中央と背面中央に、おそらくブラマンテの影響下に「セルリアーナ」――アーチの両脇部分に縦長の開口部を設けた構造――

ヴィッラ・ポイアーナ　ポイアーナ・マッジョーレ（ヴィチェンツァ地方）

を簡略した形で使い、単純で清澄な感じを出すとともに、五つの円い穴が――アーチにはさまれたファサードのタンパンのような部分に――空けられていることである。そして三重のアーチの下にアーキトレーヴがあるが、それは重さに苦しむどころか、この五つの穴のおかげで、自由な軽さを獲得している。

またこのヴィッラにかぎらないが、パッラディオの設計した小さなヴィッラは、前面ファサードと背後のファサードが瓜二つである。前面には、玄関廊（ポルティコ）がついていて、それが最大の相違である。このヴィッラ・ポイアーナもそのとおりで、ぐるっと回って背面を見てもおもしろい。

ヴィッラ・サラチェーノ
Villa Saraceno

　ヴィッラ・サラチェーノも初期の名品（1540年代）である。ヴィッラ・ポイアーナのすぐ近く、フィナーレ・ディ・アグッリアーロという場所、県道247号線から農道を少し入ったところにあり、まさに四方がはろばろと開けた田園のただなかで、農場経営の拠点としてのヴィッラの姿を彷彿とさせる。依頼主はビアージョ・サラチェーノ（16世紀半ばに活躍）という領主である。

　ほとんど禁欲的な単純さが、煉瓦積みの

第6章　ヴィッラの快楽――マニエリスト、パッラディオ

ヴィッラ・サラチェーノ　フィナーレ・ディ・アグッリアーロ（ヴィチェンツァ地方）

純粋なヴォリュームで実現されている。装飾は排され、カーヴの使用も控え目だ。だが、古代ローマの神殿からその要素を採ってきたデザインそのものが、この建物に荘厳さを与えている。

ファサードは、ペディメントに3連アーチが配されている。そのペディメントは、左右の小さい窓の上のペディメントと静かに共鳴している。階段のつけ方の工夫で、サロンはT型をなしている。サロンの脇の部屋はたがいに結ばれ、その配置法は比例を重視し、調和している。このヴィッラには、片側だけバルケッサがつけられている。ヴィッラ・ポイアーナと全体の形は似ているが、このバルケッサの存在からしても、より実用的な用途がうかがわれる。

ヴィッラ・カルドーニョ
Villa Cardogno

ヴィチェンツァの北、少し行ったところにあるヴィッラ・カルドーニョはパッラディオの『建築四書』(1570年)には載っておらず、彼の作かどうか長らく疑問視されてきた。しかし多くの研究者は、いまでは彼の作だと認めている。完成は1570年頃だ

ヴィッラ・カルドーニョ　カルドーニョ（ヴィチェンツァ地方）

ヴィッラ・アルメリコ＝カプラ　ヴィチェンツァ

と考えられている。

　このヴィッラの最大の特徴は、正面の3連アーチが、煉瓦色の深い浮き出し細工模様のフレームに覆われていることである。構成は、全体としてヴィッラ・サラチェーノに似ている。玄関廊にたどり着くための階段は先細りになっていて、一定距離下がると、頂上のペディメントとほぼ相似形になるが、これも計算ずくだろうか。ヴィッラ・カルドーニョは、ヴィッラ・ポイアーナ、ヴィッラ・サラチェーノともども、初期のパッラディオを考えるうえで、はずせない作品であろう。

ヴィッラ・アルメリコ＝カプラ（ラ・ロトンダ）Villa Almerico-Capra (La Rotonda)

　つぎにパッラディオが長らく生活したヴィチェンツァのすぐ近くにあるヴィッラ・アルメリコ＝カプラを訪ねよう。この有名なヴィッラは、聖堂参事会員のパオロ・アルメリコに依頼されてパッラディオが設計した（1566）が、しかし施主が教皇庁に仕えることになって頓挫した。その後、長らく未完成状態だったが、1580年にオドリコとマルコのカプラ兄弟が、スカモッツィという建築家に依頼して、91年に完成にこぎつけた。「ロトンダ」の名で知られるようになったこの建物は、パッラディオのヴィッラの典型とされている。しかし「ヴィッラ」との名をもっていても、実際はヴィチェンツァという「都市」のごく近くの小さな丘の上にあり、都市建築もしくは郊外建築というべきだろう。彼の『建築四書』で、ヴィッラでなく、パラッツォ（邸館）の例としてあがっているのも、その証左だ。

　この唯一無二の形態をもつ不思議な建物のプランは、正方形のなかに円が内接し、外部から見ても、四つの辺、いや面は、どれも瓜二つ（瓜四つ！）で、いずれにも、かなり高い階段上に6本のコリント式柱頭の

第6章　ヴィッラの快楽――マニエリスト、パッラディオ

円柱をそなえたポルティコがある。いつものように3層構造で、主階の上下に屋階と地上階があるが、パッラディオお得意の手法で、内部構造が表面に浮き出ている、つまり水平の帯が各ファサードに走っていて、外から見られる立面上に内部構造の分割が明示されているのである。おなじく水平方向においても、中央の神殿風玄関廊とその左右の窓ひとつずつがついている部分の区画として3分割されているが、これも内部構造が浮き出している、ととらえられる。四隅は羅針盤の東西南北の四方位に精確に向いている。

　私たちは、これまで「円」と「球」を建築に探し求めてきた。そしてローマのパンテオンを「元型」とするその姿を追い求めて、建築の全体ないし一部に宿ったその形を見つけてきたが、それらはいずれも「宗教建築」であった。ところがロトンダでは、「世俗建築」に円いドームが架けられている。ローマ神殿にせよ、キリスト教の教会にせよ、天空すなわち神の世界をあらわす球型であったが、それが世俗建築に大々的に実現した、というのは意味深長なことであろう。

ヴィッラ・フォスカリ（ラ・マルコンテンタ）Villa Foscari (La Malcontenta)

　このヴィッラは、パッラディオが、ヴェネツィアの有力な貴族のニコロとアルヴィーゼのフォスカリ兄弟のために、1550年代後半〜60年代はじめにつくったものであり、農業的な付属物のない孤立した建物として、ラグーンとブレンタ河を結ぶ運河の岸辺に、憂愁を湛えて建っている。この運河は、パドヴァとヴェネツィアという、

ヴィッラ・フォスカリ裏正面　ガンバラーレ・ディ・ミーラ（ヴェネツィア地方）

ブレンタ河にかかる橋（ポンテ・コペルト）　パッラディオが設計した。バッサーノ・デル・グラッパ

二つの主要都市を結ぶ重要な交通手段であり、ヴェネツィアからボートで容易に行けるこの幹線沿いにヴィッラをもつことは、上流市民の誇りであった。ヴィッラ・フォスカリもロトンダとおなじく、ヴィッラというよりも郊外型の邸館で、華麗なたたずまいである。初期作品とおなじく、質素な材質である煉瓦と漆喰を、パッラディオはうまく使いこなして、豪華な「外観」をえることに成功している。

川縁の枝垂れ柳の揺れる芝生地の奥にあるヴィッラの厳粛なファサードは、高い基壇の上にギリシア神殿を思わせるポルティコが載っている。イオニア式の柱頭をもつ10本の円柱には、風格がある。高い基壇は、川沿いのじめじめした土壌から、主階を隔離するためであろう。厳粛ではあるが、しかしいささか寂れた雰囲気で、なにやら深窓に籠もったまま年を重ねてしまった老嬢のようである。このヴィッラのある場所をラ・マルコンテンタ・ディ・ミーラと呼ぶが、まことにおもしろい名前だ。ラ・マルコンテンタとは、「不満一杯の女」という意味なのだから。

ところが南側の裏面ファサードは、古風な北のファサードとはうって変わって、日の光を一杯に浴び、モダーンである。建物内部の半円筒ヴォールトが壁とぶつかったところに開いた半円形の部分が、縦枠で三つの部分に分けられているのが、浴場窓である。それを取り囲んで、多くの窓が多彩な形で配置されている。さらに屋根の上にピョコッと立つ煙突、切り妻屋根を戴く天窓によっても、剽軽（ひょうきん）なにぎにぎしさが実現されている。ヴィッラ・フォスカリの裏のファサードは、パッラディオの作品中もっとも奇想に富んだ、ユーモラスで楽しげな遊びにあふれたもののひとつである。憂愁に沈んだ不機嫌な老嬢（ラ・マルコンテンタ）が、一転、にこやかに笑い転げる若い娘にすりかわったかのようだ。厳格な古典様式の陰に、ホアン・ミロ風の遊びがある、といったところである。

ヴィッラ・バルバロ　Villa Barbaro

ヴィッラ・バルバロは、ヴェネト地方の平原の真ん中、トレヴィーゾの近く、アーゾロの丘（Colli Asolani）の斜面のマゼールにある。パッラディオのヴィッラの最高傑作であり、また、主階を飾るパオロ・ヴェロネーゼ（1528〜88）のフレスコ画サイクルによって、あまりにも有名である。政治家・行政官・外交官としてエネルギッシュに活動し、また建築や彫刻に通暁した学者でもあったバルバロ兄弟（兄ダニエーレ1514〜70、弟マルカントーニオ1518〜95）の依頼をうけて、パッラディオがこのヴィッラを建設したのは、1554年のことであった。装飾も含めての完成は1560〜62年である。

第6章　ヴィッラの快楽——マニエリスト、パッラディオ

周囲はまさに田園一色、しかも、その小麦畑やブドウ畑を見下ろすヴィッラを中心にした計画的な庭園と耕地の配置は、フランス庭園を思わせるような幾何模様をなしている。土地の傾斜もうまく働いて、ヴィッラは、下の道からパノラミックに仰ぎ見えるようになっている。

　外観の美的効果が追求されたこのヴィッラでは、左右対称が徹底されている。母屋の両側には、長くバルケッサが伸びていて、その手前側はアーケード状になっている。バルケッサの両端には、それぞれハト小屋があるが、それも、あたかも教会のファサードのように見える。このように、成熟期のパッラディオのヴィッラの完成体は、農作業に必要なバルケッサを両翼にもち、真ん中には典雅な母屋を配して、そのファサードに4本の巨大半円柱のオーダー柱列、上にペディメントをおいた玄関廊=ポルティコという形態になる。また初期作品に比べて、装飾もはるかに派手になる。母屋の正面装飾は、イオニア式の柱頭、ペディメントの躍動的な人物彫像、ペディメント下

ヴィッラ・バルバロ内部、十字形の間の扉と両脇の楽器をもつ女性像

ヴィッラ・バルバロ　マゼール（トレヴィーゾ地方）

ヴィッラ・バルバロ、オリュンポスの間天井　パオロ・ヴェロネーゼのフレスコ画

　の花飾り装飾、中央部２階(主階)のバルコニー、窓上に配された小さな分円と三角ペディメント……などの華麗な装飾がふんだんに施されている。

　内部には、パオロ・ヴェロネーゼが描いたフレスコ画サイクルが、壁面と天井を隙間なく豪奢に埋めつくしている。楽器を奏でる豊艶な乙女や神話的風景を描いた壁画が圧巻である。建物２階部分と同レベルの裏庭には、奥に、泉の湧きでるニンフェウム(庭園の泉水堂)が、美しい古代風彫刻でつくられている。ヴィッラ・バルバロにおいても、先のヴィッラ・フォスカリ同様、豪華にして優美な外観は、素材の高貴さによるのではなく、ただ塗料を塗ることで大きな効果を上げているのである。パッラディオは、中世からルネサンス期の建築家のように、石灰華と大理石という高貴な素材でモニュメンタルな効果を出そうとはしない。このヴィッラ・バルバロでも、壁に一

第６章　ヴィッラの快楽──マニエリスト、パッラディオ

ヴィッラ・エーモ　ファンゾロ・ディ・ヴェデラゴ（トレヴィーゾ地方）

種の光の皮膚を与える黄土色の塗料を塗っているだけであり、これにより全体は同質に輝き、力強く単純な効果を発揮して、そこから骨組みが輝きを帯びて浮き出てくるのである。そもそもパッラディオのヴィラの大半は、煉瓦と漆喰からなるが、そこにわずかに色づけられた塗料を塗り、絶妙な彩色性、光の価値を取得する。それで全体を均一の量塊として、見る人の視覚に差しだすのである。その効果により、光と影、滑らかな箇所と装飾部分、空隙と量塊といったコントラストを引き立てる。石の素材は二義的で、表皮の色艶が決定的なのである。

ヴィッラ・エーモ　Villa Emo

　ヴィッラ・バルバロの近く、南10kmほどのところ、ファンゾロ・ディ・ヴェデラーゴ（Fanzolo di Vedelago）にある。ルナルド・エーモのために建築されたこの**ヴィッラ・エーモ**(1558)は、農業生活の実用性が、美しく明晰な建築言語を備えた建物に結晶したこれまでにない作品である。エーモは、耕地の灌漑、モロコシからトウモロコシへの播種の転換など、農業の改良に努めた農業家でもあった。こうしたエーモ一家の生活と、農場経営の実践にまさにふさわしい、単純で美しい機能的なヴィッラを、パッラディオはつくりあげたのである。

　ヴィッラ・エーモも、ヴィッラ・フォスカリ、ヴィッラ・バルバロ同様、全体の組成は階層秩序的であり、基壇の上にある母屋が支配し、長い石のスロープによって地面につなげられている。母屋の両側に左右相称に伸びる直線的なバルケッサの翼の端の方には、二つのハト小屋が結末をつけて

ヴィッラ・エーモの中央広間　ゼロッティのフレスコ画で飾られている。

いる。それらの要素が、線形に連続的に並ぶようになったその純粋主義は、驚くべきものである。ポルティコは雄大に開口しているが、ここでパッラディオは、質朴なドリス式オーダーを選び、左右の窓にもコーニス、ペディメントがついていない。ヴィッラ・バルバロにおいて華麗な装飾がなされていたのとは、対照的である。農業経営の実務への形態上の適合であろうか。また、ヴィッラ・バルバロは高台にあり、斜面の上方から下方に広がる田野を支配していたが、一方ヴィッラ・エーモは、平地に位置しながら、その母屋の中心を前後に走る軸は、双方ともずっとはるかにつづく並木道に連続している。それはまさに広大な田園地帯の中心地であり、その整然たる秩序の統括地点である。そしてヴィッラ・バルバロでは建物の立面が波のように湾曲しているのにたいし、ヴィッラ・エーモではきっぱりと直線的で、パッラディオが、地形におうじて建物のデザインを巧妙に変化させていることがわかる。

ヴィッラ・エーモ内部

第6章　ヴィッラの快楽——マニエリスト、パッラディオ

第7章
黄金のスペイン残映——バロック都市レッチェ

プーリア——太古の記憶

　パッラディオのマニエリスム・新古典主義のつぎは、いよいよバロックである。舞台はふたたびプーリア地方に戻る。バーリより約150kmほど南のレッチェが、私たちのめざす目的地である。レッチェは「プーリアのフィレンツェ」とも称されるが、町全体がバロック建築によって造形されたかのような、華やかなバロック都市として有名である。しかしレッチェ、そしてプーリアのバロックを理解するためには、今一度、その地域の原初の地点にまで戻って、そこから近代の歴史を振り返ってみる必要がある。

　イタリア半島南東端のプーリア地方には、太古の時代に、すでに「石の文明」が栄えていた。石灰岩や凝灰岩をもちいたドルメン、メンヒルなどの巨石遺物、あるいはピラミッド状におびただしい数の石を積み上げた遺跡が、今も各地に残っている。斜面を掘り込んでそのまま洞穴住居にする風習も古代にさかのぼり、それもおなじ「石の文明」の歴々たる証跡である。「石の文明」のセンターは、バーリ、レッチェ、ブリンディジ、フォッジャ、カノーサなどの大小の都市とその周辺だが、とくにバーリの南では、カルスト地形に発達した長く深い溝・洞穴に、ローマ都市からの逃亡者やギリシア系修道士が棲みついていた。

　「石の文明」を現代にもっともよく伝えるのは、トゥルッリという独特の円錐形の石積み建築である。真っ白なお椀に松ぼっくりの帽子を被せたような可愛らしい建物の数々が、はるけく開けたオリーブ畑やアーモンド畑のかたわらに、掘っ立て小屋とともに点在している光景は、まさに一幅の絵画だ。日本人には、トゥルッリ型の民家で埋めつくされたムーミン谷のような町、アルベロベッロが人気であるが、より壮観なのは、じつはアルベロベッロの彼方、ロコロトンドとチステルニーノにまでいたるムルジェ丘陵の斜面であり、またマルティーナ・フランカまでつづくイトリーア渓谷の田園地帯である。おとぎ話のなかのような

トゥルッリ　アルベルベッロ

　トゥルッリがオリーブやブドウの木々の合間に林立する光景を、丘の上からはるかに見下ろすのは、まこと、南イタリアめぐりの天福といってもいい。

　トゥルッロ（トゥルッリの単数形）とは、後期ギリシア語で「クーポラ」の意味で、それはトロス（tolos）というシステムでつくられている。すなわち骨組みもモルタルもなしに、何列もの石を同心円状に、口径を徐々に減らして並べていく。上にゆくほど石は少しずつ内に突き出て最後はピッタリと口が閉じるのである。

　ときに古代建築と間違えられるが、これらのトゥルッリは、もっとも古いものでも、1600年代より前にはさかのぼらない。ということは、時代的には、まさにバロックと同時進行でつくられていったことになる。農作業の物置兼住居として、農民たちが、簡単に壊せるよう基礎工事なしで、しかも壁造りでなく空積みつまりセメントやモルタルを充塡しない石積みでつくったのだ。この近代の建物に、新石器時代の掘っ立て小屋や巨石文化の名残を見るのは、おおいなる誤解なのだが、それでも、トゥルッリは、太古から遺伝子のように連綿とつづく「石の文明」が、この一帯にはずっと枯れずに根を張っていることの

古代の洞穴住居跡

第7章　黄金のスペイン残映——バロック都市レッチェ　125

証左とはみなせよう。

　ところで現在、プーリア地方は、イタリア随一の農業地帯である。見わたすかぎりオリーブ畑が広がり、またブドウ畑もそれに劣らず広大だ。小麦生産もさかんで、その狭間に、特産のアーティチョークやアーモンド、あるいはイチジク・プラム・レモン・セイヨウカリンなどの果樹が、多数植えられている。しかしここは、畑・果樹園に人工的に植えられた穀物や果樹などの栽培植物の天下というわけではない。じつは太古の岩・土壌を覆うようにして、インド＝ヨーロッパ語系の人びとが来る前の植生が、まだ残っている。人間の手に触れられていない、古代の女神の乳房から養分を吸いとって勝手気ままに繁茂する植物たちが、野性的な香りを発散させながら、広大な畑地と伍すように、蔚然と広がっているのである。

　こうした古代性・太古性は、町づくりや建築物にも反映している。この地方には、たとえ平坦な土地でも、ブルドーザーで機械的に均したような平地はどこにもない。地面は何世紀にもわたる空気の重さで自然に平坦にされたかのように、ゆったりと波打っていて、あちこちに瘤のような突起がある。ここの大地の上には、古代の圧縮空気がまだ載っているのではないだろうか。そんなふうに思えてくる。こうした重く濃い大気を載せた土地の上には、バリケードを築いて閉じ籠もったような町が、好んでつくられるのだろう。しかしなかには日の光を浴びる丘上に、漆喰で真っ白に照り輝く町もいくつもある（チステルニーノ、オストゥーニ、ロコロトンドなど）。これほど太古からの土と石の文明を生かしつづけている地域は、このプーリアをのぞけば、サルデーニャしかないだろう。

　プーリアのバロックを語るために、古代にまでさかのぼってみたのは、この地のバロック建築は、ふたつの言語が合流した地点に生まれた、と考えられるからである。そのひとつが、長らく埋もれていたアルカイックな石と土の文明の言語である。古代の種が乾燥して地中深く保存されていたものが、何世紀ものちに慈雨をえて、ふたたび発芽したといった趣である。レッチェの、まさに光り輝く土でできたようなバロック建築の数々は、そのことを雄弁に物語っている。

そして今ひとつは、スペインからの影響である。今度はそちらについて考察していこう。

スペインの翳

　第2章で見届けたフェデリーコ2世（フリードリヒ2世）時代ののち、プーリアは政治的・社会的にはいかなる移り変わりを経験したのだろうか。この「世界の驚異」と呼ばれた帝王の死後、新たな支配者となったのは、フランスのアンジュー家であった。1266年にはフランス王の弟シャルル・ダンジューがフェデリーコ2世の子のマンフレーディをベネヴェントの戦いで負かし、2年後にシュヴァーベン朝支配を一掃することになる。そして「シチリアの晩禱」(1282)以後のシチリア王国は、その島部分はアラゴン家、本土はナポリを首府としてアンジュー家配下に入る。

　なおもアラゴン家とアンジュー家の戦いはつづいたが、教皇が仲裁に入り、シチリア島もアンジュー家の領土になりかけた。ところが、ふたたび「フランス人」の支配に服することをいやがったシチリア人が反抗し、それも途中で崩れてしまった。そしてじつに1372年まで、両家（両国）の戦いが繰り返されたのである。

　その後もナポリ王国はアンジュー朝に支配されていたが、アンジュー家のルネは1442年ナポリを捨て、フランスに帰ってしまった。するとナポリ王国は完全にアラゴンの支配下に入り、諸都市は、アラゴン王アルフォンソ5世をナポリ王（アルフォンソ1世、在位1442〜58）と認めて、臣従を誓う。一方、アンジュー朝のバロンたちは封土を取り上げられることになる。そして南イタリア（ナポリ王国）は、1504年にはスペインと統合される。いったん、フランスとスペインが争ったが、1529年和平がなると、スペイン支配が確定する。16世紀初頭以後、2世紀にわたってナポリ副王管轄区としてスペイン副王が支配することになった。短いオーストリア支配の期間があったが、スペイン王フェリペ5世の息子、ブルボン家のカルロ7世（在位1734〜59）のもとに1734年また独立し、国家形成を近代的に進め、封建勢力を弱体化させた。

こうしてスペインの支配が長くつづいた南イタリアでは、住民たちが重い財政的負担を強いられた。不活発な大土地所有制の害悪、貪欲な搾取者の投機、行政の混乱や外国との通商関係の拒否、さらには飢饉・疫病などで社会組織も人々の生活もボロボロになり疲弊したが、それでも18世紀には市民的な王国の再生運動がおきた。そしてフランス革命に感化をうけた解放運動が巻きおこったのである。

　本章のテーマの地であるプーリア地方については、厳しいスペイン支配にあえいだ点は同断であったが、スペイン人が本国から持ち込んだバロックの精神が、その大地に埋め込まれていた石と土の文明を励起させるという効用はあった。こうして、スペインの傘下に入ることによって、レッチェおよびその周辺には建築の波が押し寄せる。17～18世紀には、ナポリの宮廷とかかわりをもつ貴族家系が、邸館や田舎の屋敷を改修・建設したし、強力な司教たちおよび大修道会が、貴族とともに、施主として建設事業を後押しした。

レッチェとマルティーナ・フランカ

　それでは、レッチェの町を散策してみよう。レッチェの町が魅惑的なのは、ひとたび邸館・教会の立ち並ぶ中心部のバロック地区に入り込むと、燻した黄金に輝く建築群がどこまでも連なり、まるで大きな室内にいるかのような、内部性が感じられるからである。

　レッチェは、イタリア半島の南端に近いが、どの海からも遠いし、近くに河もない。あるのは土であり砂であり石であった。なかでもピエトラ・ディ・レッチェという細工加工が容易な、黄色く柔らかで脆い石が特産であった。この石こそ、レッチェのバロック建築の素材にほかならない。優渥（ゆうあく）で愛想のよい、客人を歓迎するムードを醸し出す不思議な石。レッチェの黄色石は太陽を浴びて、一様に暖かく、まるで蜜のようだ。

　レッチェがバロック都市になったのは、前述のように、この地がスペインの支配下におかれたからだ、ということは強調するまでもない。しかし、ひとつ注意を要する点がある。すなわち、スペインが入り込んでくる前に、この地にはいく多の建築

レッチェの目抜き通り

上の伝統が残っていて、それを廃棄することなく(再)利用しつづけたということである。ゴシック式アーチの枠組みやピアーがしばしば使われたし、ライオンや鷲といったノルマン・モデルの装飾モチーフの彫塑(ちょうそ)芸術もずっと残存した。それらが、ローマの廃墟からもってきた彫塑のモチーフと、ういういしく同居しているのである。まさにあちこちのファサードで、ノルマンのモチーフとローマのモチーフの混淆(こんこう)が見られる。

　コーニスにせよ薔薇窓にせよ、彫塑がさらに表面的な技法に変わっていく。そこに作動しているのは、彫刻というより、

第7章　黄金のスペイン残映——バロック都市レッチェ　129

サン・ティレーネ教会　レッチェ　　　　　　　　レッチェの街路でみかける持ち送り部分の彫刻

　金銀細工かレース飾りの繊細さであり、そこから由来するのが、透かし細工や小さなプットー（子供の天使やキューピッド）の遊びである。プットーは、まるで皮を剥かれたカエルのように見え、渦巻文字とブドウ模様を捧げもつ。かように作成されたフリーズは、小枠のなかで、ミツバチの群のように顫動(せんどう)している。

　彫刻家はやがて、円彫り的な素材の使い方をあきらめ、純粋・単純な平面の切り抜きで満足するようになろう。サンタ・クローチェ（→p.135）をはじめとする教会ファサードの豊富なレリーフは、張出しにはほとんど興味がなく、ただ平面上のカット・切断にのみ力を入れたかのようなできばえだ。

　レッチェのバロックは、イタリアのなかでもかくも異質で、本流からはずれている。その異端性の明瞭な表現が、ローマを代表とする公的なバロックにはない、表層の豪奢で華麗な装飾である。こうした方向は、ロンバルディア地方とヴェネト地方から、一時イタリア各地に広められたが、貧弱で行儀のよ

い装飾要素の過剰な繰り返しが飽きられ、空間をダイナミックにデザインするジャン・ロレンツォ・ベルニーニ(1598〜1680)とフランチェスコ・ボッロミーニ(1599〜1667)の大バロックが、それらを一掃した。だがレッチェには残った、というより、太古以来の伝統としてこの地方に息づく「石の文明」と、スペインのバロック精神との融合によって、さらには長い歴史のあいだにこの地域を横切り定着した民族のもたらした遺産をも加味して、表層装飾を発展させていったのである。その結果、権力を誇示する為政者に仕えるのではなく、日常生活の舞台として、身体に寄り添う珍しいバロックが実現した。

　それゆえだろう。レッチェのバロック建築が立ち並ぶ地区では、建物の高さに比して街路はごく狭い。広場もとりたてて広場らしくはなく、たんに道の合流点にすぎない。だからほとんど教会前広場のない教会が多いのだ。したがって大抵の教会は、距離をとって、そのファサードを真正面からまるごと視野におさめることはできず、かなり近くから見上げることになる。実際に見上げてみる。するとその鑑賞者たる私の視線に、建物の各段に貼りつけられたかのような彫刻の数々が、つぎつぎ飛び込んでくる。教会や貴族の館の立ち並ぶ街路を、見上げながら歩いていると、建物ごとの窓や玄関、建物同士の連続帯として機能しているバルコニー、そしてとりわけそのバルコニーを支えもつ持ち送りの水際だった視覚効果が印象深い。これらの持ち送りには、いろいろな人間・動物・怪物・女身像柱が生息する。これらは、レッチェ建築の要となり、その多様性により千変万化する景観をもたらしている。「上を向いて歩こう」というのが、レッチェほどふさわしい町はない。

　バルコニーが豊富な町は、ローマ以南にほかにもあるが、レッチェほど持ち送りが精確無比な役割をはたしている場所はない。これは、美術史家のC.ブランディが慧眼にも見抜いた点だ。プーリア地方では、入念に配慮された豊饒な装飾持ち送りが、13世紀以降、まずノルマン建築においてあらわれた。とりわけレッチェでは、その時代以後、持ち送りが狭い街路沿いに立ち並ぶ大廈高楼のもっとも視線を浴びる急所として、その制作者に、いつも新たなファンタジーを搔きたてた。

かくて貴族の邸館(パラッツォ)が立ち並ぶ街路が、あたかも舞台の書き割りのようになるのである。

その結果、この町の街路を歩いていると、いつも建物の「内部」にいる、と感じさせられることになる。迷宮のような街路や住民共有の袋小路・中庭・前庭などとあいまって、都市工学が建築学となり、都市美学が建築美学となる。屋外なのに、まるで巨大な建物のなかの廊下を通りながら、部屋部屋を見学しているかのようだ。だが、さすがに南イタリア、圧迫感はみじんもない。建物には外から光が浸透し、いや石や土自らが発光し、乳黄色の光の蜜を滴らせ蒸気を発散させているのだから。トスカーナやウンブリアの丘上都市の昼でも薄暗いヴィーコロ(小路)と比べ、印象は百八十度異なる。

＊

小レッチェと呼ばれるマルティーナ・フランカとそのバロック建築へも、一瞥を与えておこう。マルティーナ・フランカの起源は、ターラントとモノーポリの中間、つまりアドリア海とターラント湾というふたつの海のあいだの森と荒地に、特権を与えられて入植した農民たちの働きにある。彼らは結束を固め、石だらけの赤い土を必死で耕しブドウを植えた。やがてそれぞれ放射状に広がる四つの村落が合わさって町ができ、14世紀初頭、ターラントの君主(principe)フィリップ・ダンジュー(在位1278～1332)が24の円形および四角の塔のある要塞をつくって、城壁で囲まれた町ができたのである。しかしマルティーナ・フランカ市民は、16世紀初頭まで、いやそれ以後も「自由」を守ることに腐心し、カラッチョロ公やナポリ王に追従してしまうかわりに、自らを町の守護聖人たるトゥールの聖マルティヌスに献げた。この、あくまで自由を求める気風は、15世紀半ば以降、農村ブルジョワジーが早期的に発達したこととあいまって、この町を中世から近代までずっと、特異な存在にした。

マルティーナ・フランカでは、農業・牧畜のほかに織物業がさかんで、18世紀にも織機がまだ二千以上あったという。そしてその時代に、この町は田舎臭さから脱皮して、プーリアのどの町よりも都会的な風俗・文化を誇るようになる。そしてブルジョワ社会がおおいに栄え、また博士・医者・神学者・

マルティーナ・フランカの町並み

外科医・薬屋などが活躍する啓蒙主義の都市として、市民の教養程度が高かった。聖職者さえ開明的で、革命にもすぐに対応できた。マルティーナ・フランカは、サンフェディスタ（反動主義者・聖職者至上主義者）の町ではなく、すぐにジャコバン主義者の町となる。今日でも面影が濃厚に残る、小綺麗で小粋、町全体から漂う洗練された趣味のよさは、この世紀につくられたのである。
　肝腎の建築だが、マルティーナ・フランカは、位置もレッチェに近く、小レッチェと思われがちである。しかしそこには、はっきりとした固有の特色がある。それは、この町の建築には、明確なロココ的アクセントがあるという点である。抑制されたエレガンスが町中に行きわたって、ロココの気紛れで軽やかな装飾がとてもよくにあう。窓と玄関口のアーチにある装飾は、石の彫刻というより、石の表面に施した打ち出し細工の浮彫りだといったほうがよい。それは軽快でエレガントな、決して過重にならない彫塑である。レッチェのような重く幻想的な軒持ち送りは、ここにはない。
　この町には、レッチェに比べさらに狭い抜け道、枝道が多い。まるで全体が地下の家屋のようであるが、しかしこうした細道は非常に心地よく、あたり一帯を都会的にしている。狭い街路に立ち並ぶ邸館が、観者とのあいだに樹立する関係は完璧だ。けっして不快にならないよう計算されつくしているかのようである。窓、テラス、バルコニー、小バルコニー、外階段、歩廊のスペースどりが念入りにされていて、散策者は、エレガントな小玄関、洗練されたコーニス、美しい膨らみ鉄細工がついているバルコニーの下を、ある邸館からもうひとつの邸館へと、喜悦に満ちて通っていける。16世紀後半から17世紀には無骨なドゥカーレ宮（1668年）に代表される粗野で重厚な建物がつくられたが、18世紀には、落ち着き、流れるような洗練された建物が生みだされた。それはブルジョワ的・啓蒙的なる新たな文明の高揚を、雄弁に物語っている。細い道に櫛比する邸館群には驚くが、不思議なことに、このマルティーナの細道は、とめどなく「明るい光」に照らされて、なぜだか狭いとは感じないのだ。

レッチェと周辺のバロック建築を歩く

レッチェ　Lecce

ドゥオーモ　Duomo di Lecce

　ドゥオーモ広場は、かつてのローマ時代のフォロ（広場）につくられた。広場に入るには、北の大門を通る。建物に囲まれているため、広場というより大きな中庭である。そこには、ドゥオーモのほか、右手手前にセミナリオ（神学校）、奥には司教館がある。こうした3点セットだけなら珍しくもないだろう。だがこれらの組み合わせが、まるでひとつの調和のとれた書き割りのように広場を取り囲んでおり、教会前の中庭をめぐる柱廊もないのに、かくもさまざまな建物が寄せ集まって違和感がないのは、じつに不思議である。外であると同時に中であるという、レッチェの旧市街全般の特性を、この広場は集約している。

　ドゥオーモは、中世の建物を、1659〜70年にジュゼッペ・ジンバロ（1617〜1710）がつくり直したものである。北の大門から入ってきた者の視界には、まずドゥオーモの左側面が入ってくるが、その構造と装飾の調和に驚かされることだろう。その左脇に大きく背の高い鐘楼がついているが、それは段階を上がるにつれ次第に細くなっていく。一方ファサードは、より厳格な古典的デザインである。ドゥオーモ内部はピラスターに支えられた3廊式で、調和がとれて美しい。主身廊の天井は木造で格天井である。

ドゥオーモ内部　レッチェ

ドゥオーモと広場　レッチェ

サンタ・クローチェ教会
Basilica di Santa Croce

　サンタ・クローチェ教会は、16世紀半ばにガブリエーレ・リッカルディが設計し、1646年に完成、テッラ・ドトラント（Terra d'Otranto）に建てられたバロック建築の原型となったという意味で、きわめて重要である。ファサードの華やかさ、装飾性はこのうえない。下層はリッカルディのデザインになるが、数十年後、それにジンバロが中央玄関と上層を加えた。上下層のあいだには、豪奢なバルコニーが怪物と女身像柱に支えられ、上には天使ないしプットーの載ったバルコニーの帯が左右に長く伸びている。また大きな薔薇窓がその上に開き、そして渦巻模様型のペディメントが一番上に載っている。上層は驚嘆すべき石の彫刻で、表面が麗々しく飾られている。リッカ

サンタ・クローチェ教会　レッチェ

サンタ・クローチェ教会の怪物や女身像柱

第7章　黄金のスペイン残映——バロック都市レッチェ

ルディの設計になる内部は、美しい柱頭装飾をもつ円柱で区切られた3廊式で、格天井が中央身廊の上、クーポラが翼廊と深い内陣の上にある。全体として純粋でエレガントな形態である。

サン・マッテオ教会　San Matteo

　1667〜1700年に建てられた南部イタリアにおける盛期バロックの代表的建築で、ジョヴァン・アンドレア・ラルドゥッチ（18世紀後半活躍）の設計図にもとづく。ローマのボッロミーニ（→p.131）によるサン・カルロ・アッレ・クアトロ・フォンターネ教会の影響をうけたファサードの曲面構成が特徴的であり、下層部は外に膨らんだ凸面、それにたいして上層は凹面でつくられている。この教会には4本の道がつうじるが、しかし他の建物が接近していて、全体を見わたすスポットはない。凹凸曲面の組み合わせとともに、ファサード下部表面の鱗状装飾も珍しい。こうした豪奢を緩和するべく、中央の3連窓で装飾されている上部は簡素である。内部は楕円プランで周囲の壁にはアーチ付祭室が開いていて、使徒の堂々たる彫像により相互に隔てられている。上方は重なった二部分に分けられ、下層にはエレガントな2連窓群が開き、それが上層では普通の窓にかわっているが、両者の要素は、地上階の礼拝堂の開口部と照応している。

サンティ・ニコロ・エ・カタルド教会
Santi Nicolò e Cataldo

　これは、いかにも不思議でおもしろい建物である。市壁の外の、ベネディクト・オリヴェト会修道院の周りに発達した墓地の

サン・マッテオ教会　レッチェ

サンティ・ニコロ・エ・カタルド教会のファサード　レッチェ

ーニュ風とはいっても、オリエント、ビザンツ、イスラームの趣味と融合して建てられた風変わりなロマネスク教会であった。だがこのロマネスク様式の教会の正面を、1716年に G. チーノがバロック風のファサードにつくりかえ、そこに多くの彫像をつけた。しかし扉口は古いものをそのまま生かしており、12世紀のイスラームの霊感をえた植物アラベスクの多層帯がついている。内部は3廊式で束ね柱のピラスターで区画され、また身廊中央にクーポラがある。

サンティ・ニコロ・エ・カタルド教会の側面　レッチェ

構内にある。もともとは1180年に、タンクレディ（レッチェ伯1149〜54、1166〜94、シチリア王1189〜94）つまりレッチェ伯にして最後から二番目のノルマン王朝のシチリア王によって、ブルゴーニュ風ロマネスク建築として建てられたものであった。ブルゴ

マルティーナ・フランカ
Martina Franca

カルミネ教会　Chiesa del Carmine

　1727年から58年のあいだに建てられた教会であり、つぎにあげるサン・マルテ

カルミネ教会

カルミネ教会内部クーポラ　マルティーナ・フランカ

第7章　黄金のスペイン残映——バロック都市レッチェ

ィーノ教会より先に、ファサードの角の面取がこの教会に見られる。カルミネ教会の波打つ大ファサードは、ボッロミーニのフィリッピーニ教会(ローマ)のそれを、ほぼそのまま模倣しており、上層・下層とも中央扉口の両脇には壁龕(へきがん)がある。ここにはロココ的要素はなく、下層(1階)正門の枠組みは、半タンパン(ティンパヌム)が左右に載ってマニエリスムのモチーフを再録し、ミケランジェロ゠ボッロミーニ風の他のモチーフの記憶と結びついている。内部にはナポリの石工によってつくられた、多色大理石の象嵌細工の祭壇がある。またストゥッコで飾られたクーポラも見所である。八角形のクーポラは中央部に窓が開き、そこから堂内に蠱惑的な光が差し込んでくる。

サン・マルティーノ教会
Cdlegiata di San Martino

マルティーナ・フランカを代表するラテン十字形の教会である。マルティーナ・フランカへのロココ導入の最初の確実な事例で、建設は1747年に始まり63年に終わった。42mという非常に高さのあるファサードは、上下2層に分かれ、ボッロミーニの流儀を採り入れつつ、直線・曲線を組み合わせてかなり洗練されている。中央部は、へこみとでっぱりがある明確にボッロミーニ的な構造に、豊かで流れるような曲線・反曲線が、ロココ的な装飾趣味を醸し出している。中央にある門の上に、聖マルティヌスが貧者にマントを切り分けて与える姿が高肉彫りで彫刻され、上部・下部ともにある壁龕には、聖人たちが収納されている。面取は厳格に切り取られているというより、波打ち、外部の内部への貫入の遊びを示唆している。内部は単廊式で、身廊にも翼廊にも多くの祭室があり、彫刻によって美しく飾られている。

サン・ドメニコ教会　San Domenico

プリンチペ・ウンベルト通りにある、アントニオ・カンタルーピ修道士が設計し、1746年に建てられた完全なバロック建築である。もっとも「レッチェ的」だといっていい。またこれは、サン・マルティーノ教会以外では、古い市壁内部に建てられた唯一の大教会である。ファサードには空想力豊かな装飾がひしめいており、ポッチャリした天使たち、花形装飾などで飾られている。角のコーニスの素晴らしい女身像柱

サン・マルティーノ教会　マルティーナ・フランカ

サン・ドメニコ教会　マルティーナ・フランカ

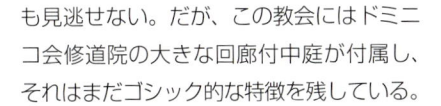

ドゥオーモ内部　モノーポリ

も見逃せない。だが、この教会にはドミニコ会修道院の大きな回廊付中庭が付属し、それはまだゴシック的な特徴を残している。

モノーポリ　Monopoli

ドゥオーモ　Duomo di Monopoli

　モノーポリは、南ムルジェの段丘の麓、バーリとブリンディジの中間のアドリア海岸にある。ギリシア植民都市起源で、ローマ支配ののち、5世紀にはビザンツの飛び地となり、支配層が交替しても長らくビザンツの影響が残った。中世には、地中海を舞台とする東西の商品交易センターとして栄えた。第2章で見たように、プーリアの多くの町では、ロマネスクの大聖堂を誇らしげに守っているのにたいし、ここモノーポリでは、バロックが華麗に現出している。といっても最初、1107年に司教ロムアルドにより建てられた**ドゥオーモ**は、ロマネスク様式だったのだが、何度も手直しされた後、壊され、1742〜70年に完璧にバロック化したのである。内部に一歩入ると、天井、壁、柱などに、色大理石の象嵌細工のような精巧にして華麗な装飾が施されているのが目をうつ。しばしばロマネスクやゴシックの教会内部が俗悪なバロック様式に改修されて落胆することがあるが、この教会堂は、珍しく、美しく改修された例となっている。

第7章　黄金のスペイン残映——バロック都市レッチェ　139

第8章
脈動と幻惑——王都トリノのバロック

バロックの新展開

　15世紀末から16世紀はじめにルネサンス建築は頂点を迎える。だがその盛期は短く、すぐに衰退局面に入る。そしてその衰退に乗じるかのように、表層の力動的表現を追求するマニエリスムが一時流行を見るが、まもなく新たな構築――ないし反古典主義という意味での反構築――の様式としてのバロックが、それにとってかわるだろう。バロックがそれまでの建築様式と異なっているのは、それがひとつひとつの建築物に限定されることなく、おなじ様式運動を周囲の外部空間へと展開させていくこと、あるいはその特性を逆に表現すれば、周囲の空間の塑造運動の一齣(ひとこま)として、個々の建築物ができあがる、ということである。

　この運動が十全に展開しつくした場所においては、都市全体におよぶダイナミックな空間の組替えがおきることになる。都市計画の練り直しは、ルネサンスにおいてもある程度実行されたが、「バロック都市」が実在するようには、「ルネサンス都市」は実在しないというべきだろう。しかも、円や正方形を基本要素としてもつ端正な建築群を配したルネサンスの都市空間が、手を触れられぬような完成した調和・均衡で閉ざされていたのにたいし、直線・平面よりも曲線・湾曲面を多用し、安定性ではなく躍動性、とくに飛翔する形態を愛好したバロック建築に埋めつくされた都市空間は開放的であり、劇的で強烈な印象を与える。そしてそこには、「システム」「中央集中化」「拡張」「運動」などの用語であらわされる原理的特徴がある。

　もっとも代表的な例を求めるならば、教皇シクストゥス5世(在位1585～90)によるローマの「都市再開発計画」があげられよう。宗教改革に危機感を募らせたカトリック陣営は、対抗宗教改革を推進したが、それは教義・儀礼の確認とともに、新たなる芸術の創始をともなっていた。「改革」がローマ教皇庁を中心に進められた16世紀後半、ローマを世界の中心として再興し、神と教皇の栄光をいや増すため、ローマの都市

四大河の泉　ベルニーニ作、ナヴォーナ広場（ローマ）

の全体が改造されたのである。その任を委ねられたのがカルロ・マデルノ（1556頃～1629）を先駆とし、ジャン・ロレンツォ・ベルニーニ、フランチェスコ・ボッロミーニ（→p.131）を代表者とするバロックの建築家らであった。彼らが精魂傾けてつぎつぎと設計・建設していった結果、都市全体が劇場のようになり、その劇場性は、都市からさらに世界に向かって、無限に広がっていくだろう。

　バロックも、ゴシック同様、いつでもどこでも再生しうる、という点で、地域性や大地への根ざしは少ない。委嘱をうけた建築家が移動して設計すれば、いかなる場所にでもつくられるし、また模倣によってつぎつぎと増殖していく。だからバロック建築は、17～18世紀のイタリアやスペインのみでなく、ドイツ・フランス・東欧などヨーロッパ全域、いやヨーロッパ人の海外進出熱とともに、南北アメリカ、アジア、アフリカにまで伝播したのである。主知主義的な古典主義に抵抗し、感情や生命

第8章　脈動と幻惑――王都トリノのバロック

サンティーヴォ・アッラ・サピエンツァ礼拝堂　ボッロミーニ作　ローマ

　力を崇拝するバロック精神は、しばしば宇宙感覚へとつうずる。中央集権化を進めるフランス絶対王政下に、王宮や貴族の邸宅が――抑制された秩序ある古典主義を加味して――バロック様式で建てられたのは、権力を誇示するのに、宇宙の壮大さへの参照が好都合だったからだろう。

　もう一点忘れてならないのは、バロックは、教会建築様式の点でも「総合芸術」であったことである。思うにそこには、それまでヨーロッパが考案し実現してきた、建築様式のすべての要素が籠められているのではないだろうか。すなわちバロック建築では、全体としての体系的構成は、ルネサンスとよく似ている。おなじように「オーダー建築」を自覚し、また比例と調和を自家薬籠中のものにして、複雑な計算と組み合わせ法をもとに、空間諸部分のデザインをしたからである。また古代ローマ以来の「バシリカ式」を守るとともに、「有心式・集中式」のプランをも建築内に組み込んでいるのは、初期キリスト教建築からの遺産を大切に守護している証拠であろう。それから「壁面が可塑的」になるのは、ベクトルは逆でも、ロマネスクと共通である。逆というのは、ロマネスクが自らの内からの有機的な「成長」を思わせる可塑性だとすれば、バロックは、都市という空間劇場の焦点化作用を外部から被り、建物の外部と内部の空間の押し合いへし合いの均衡点

において、壁面がリズミカルに「褶曲（しゅうきょく）」する、という違いがあるからだ。

　さらに「部品」の結合による機械的組み合わせ法や上昇志向は、ゴシックを思わせる。上昇といっても、しかし尖塔を建てるということではなく、形態の妙と空間の組み合わせの工夫によって、接合部・各小空間の上部に穴を開け、いくつものレベルと方向から光をとり入れて幻惑的に天上へと上昇するのであるが……。そして力動性については、マニエリスムと類縁関係にある。いわばマニエリスムがおこなった平面的な「遊び」「ずらし」「歪曲」を、バロックは立体的な三次元空間でおこなおうとしたのだ、と評せよう。

北の王都

　ローマこそ、すべてのバロック建築の偉大なる淵源なのだし、しかもイタリア各地でその後展開するバロック建築は、直接・間接にベルニーニやボッロミーニを師と仰ぐ建築家たちの手になるのであってみれば、ローマのバロックについて語らないのは片手落ちかもしれない。それでも本書では、あえてローマを迂回することにする。さらに非常に興味深いバロック建築が残っているナポリやシチリアの諸都市をも飛ばすことにする。そして、すでに訪れた南イタリアのレッチェにつづいて、北イタリアのトリノを訪問してみたい。なぜなら私の見るところ、イタリアで「バロック都市」と呼びうるのは、南のレッチェと、北のトリノだけだからだ。

　トリノは、2006年の冬季オリンピックが開かれたことで日本でも馴染み深くなったし、フィアット社（とサッカーのユヴェントゥス）を擁する近代工業都市だということも、車やサッカーファンなら知っていよう。しかしここでは、このポー河左岸のピエモンテ州の首都が、イタリア（人）にとって、政治的に特別な町であったことに、まず思いを馳せたい。

　16世紀末、フランス南東部のサヴォワ地方とイタリア北西部のピエモンテ地方をあわせて、サヴォイア公国ができ、トリノはその首都となった。そしてイタリアが1861年、王国として統一されるに際して、サヴォイア家のヴィットーリオ・エマヌエーレ2

世（サルデーニャ王在位1849〜61、イタリア王在位1861〜78）がイタリア王となり、そのためトリノは、イタリアの最初の首都（1861〜65）となったのである。

　統一国家イタリアの首都となったとき、トリノではすでにそれまでの人口増加と経済・社会発展に即応して、二百年にわたる改造がおこなわれ、まさに壮麗にして端正な都ができあがっていた。とくにフランス王アンリ4世の娘マリア・クリスティーナの摂政時代（1637〜63）、およびつづくカルロ・エマヌエーレ2世（在位1663〜75）の治下、建設ラッシュが見られた。こうして、王を戴くトリノには、計画都市として要塞・道路・広場・居住地がつくられ、整然とした姿を出現させたのである。そこには、世俗の宮殿と宗教施設がうまく調和した機能的な首都の姿があり、ユニークな大都市として注目を集めた。トリノは、宮廷の中心、国家の中心、金融の中心、慈善・医療の中心、大学・教育の中心、指導層の育成の中心、それらいずれでもあったのであり、こうした公的なイメージのシンボリックな表明を、建築物によっても強調していった。その建築物こそ、美しい碁盤目状の街路沿いに数多く建てられた「バロック様式」の教会であり、また王族の邸館、劇場などの公共施設だったのである。

　ところで、公的な視線にたえずさらされている街路沿いのファサードに、トリノのバロックの重点のひとつがあるのは当然だとしても、もうひとつ、トリノ・バロックの真骨頂は、建物「内部」にもあった。荘厳で整然たる外面から内部に一歩踏み入ると、人体の体腔に入り込んだのではないかと錯覚をおこしそうな、内臓・皮膚組織に類似した構造、そして、めくるめく上昇感をもたらすクーポラを配した劇的な空間が、目の前にあらわれるのである。

　その錯覚=感覚を実現したのは、オープン・ストラクチャーである。それは通常、二重構造の建物であり、唯一の壁面の境界があるのではなく、内部のピアーないし円柱のフレームが外部ゾーンにも開いて二重化し、またそれらは大きな窓、ギャラリー、小部屋他の開口部をもつ。さらにドラムの上に第2のドームが載るオープン・ヴォールトの新機軸もあった。17

トリノのポルティコのある街路
（ローマ通り）

世紀半ばから18世紀半ばに、こうした工夫はヨーロッパ各地で試みられたが、どこよりもピエモンテ地方で精力的に推し進められた。

3人の建築家

　トリノの都市大改造計画に全面的に協力した建築家たちがいた。なかでも独創的で重要なのが、グァリーノ・グァリーニ(1624〜83)、フィリッポ・ユヴァッラ(1678〜1736)、ベルナルド・アントニオ・ヴィットーネ(1702〜70)の3人であり、彼らは王室や修道会から委嘱されて、都市改造に取り組んだのである。

　まずグァリーノ・グァリーニである。

　グァリーニは1624年モデナで生まれ、39年、その頃栄えていたテアティーニ会という修道会に入ったが、建築に心惹かれていた彼は、当修道院の図書室の膨大な蔵書を使ってその理論と歴史を学んだ。その後、モデナからローマ、メッシーナ、スペインとポルトガル、パリからトリノへと、熱に浮かされたように旅をしたのは、実際の建築を見て学び、自身もチャンスをえて建築を手掛けるためであった。それと同時に、君主や建築家、さらには文人・学者と交流して思想を深めていった。

　ローマでの修業時代に発見したベルニーニやボッロミーニの作品からの影響のほか、哲学・神学・数学・幾何学・天文学からも多くをとり入れて自らの建築理論を構築していったところに、彼の独自性がある。彼の建築が「宇宙の一体性」という思想へと結びついたのは、数学＝哲学の素養があったからこそである。メッシーナ、パリなどにも作品を残したが、彼の活動の場は、どこよりトリノであった。

　彼の建築は、見掛け上、壁による閉鎖と固体性を否定し、個々の空間部分が相互貫入する複合的平面をもつ大胆で複雑なデザインを特徴としている。そのドームは、組み合わせ帯の織り上げる籠のようになり、ドームと交差部を合わせて見ると、まるで透かし格子細工である。それは、生命が蠢く有機的世界である。グァリーニは、1668年から83年にかけてつぎつぎと独創的な建物を設計し、その建物において、サヴォイ

ア家の王朝の鏡としての栄光あるイメージを、宇宙的なレベルで表現しようとしたのである。

サヴォイア家の王室お抱え建築家として、ミケランジェロ・ガローヴェ（1648～1713）をあいだに介してグァリーニを継いだのが、フィリッポ・ユヴァッラである。

シチリアはメッシーナ出身のフィリッポ・ユヴァッラは、まず銀細工師の家に弟子入りして、豊かで軽快な装飾を学んだ。その経験は、のちに建築家となってからも、繁茂する渦巻装飾制作技術などに生きている。1706年以降、ローマでカルロ・フォンターナとともに仕事をし、フォンターナをつうじてベルニーニにも学んだ彼は、劇場のデザイナーとして知られるようになる。しかしある時、トリノのヴィットーリオ・アメデオ2世（サヴォイア公1675～1713、シチリア王1713～20、サルデーニャ王1720～30）の目にとまり、1717年（王室）筆頭建築家として指名される。そして、マダマ宮（→p.152）のファサード・階段・アトリウム、南郊外のストゥピージニの狩猟屋敷（Palazzina di Caccia）、北郊外の公の狩猟宮殿（Venaria reale）などを設計し、ほかにも多くの邸館や教会内の祭壇の計画・建設に携わり、王国の壮麗化に努めた。

その建築の特徴は、グァリーニ以上にボッロミーニを直接引き継ぎつつ、それを独特にアレンジしているところにある。ボッロミーニの建築が、外部から眺めたときに、面が盛り上がり、波打つ様が誇示されていたとすれば、ユヴァッラの建築は、内部空間が、面も線も湾曲・カーブしっぱなしなのであり、まるで人体内部に入り込んで、中から体腔を眺め回したかのようである。あたかも円・半円・八角形のプランの古典的建築から、骨と内臓が抜きとられ、肉や皮膚もグニャグニャと溶解してあちこち穴だらけになりながら、筋と腱が張りつめて体を支えているかのような塩梅である。そして燦々と降り込む光のなか、建築内部が「空気の籠」としてとらえられるようになる。

トリノ・バロックの最後の代表者は、ベルナルド・アントニオ・ヴィットーネである。

宗教家の多い家族の出で、自身も敬虔な信徒であった彼は、きわめておもしろい建築家である。はじめローマで修行し

た後、1733年にトリノにやってきて、ユヴァッラとグァリーニの影響をうけ、その流れを汲むようになる。先輩らから、上昇感をもたらす高い柱とギャラリーの開放、中心となる空間とその周囲に付属する空間の固有の統合の仕方、光の入り口をペンデンティヴに開ける方法、ファサードや壁面・ヴォールトの曲面構成などを学び、ひきついだ。

　しかし18世紀生まれの彼の独創性は、まもなく先輩からの影響の覆いを破って姿をあらわした。中央集中式の建築をことのほか好んだ彼は、相互貫入する円・楕円の小区分（房）の、複雑なドームをつくることに夢中になる。またあちこちに穴を空け、開口部をつくり、壁から固体性をとり去って空間を広げながら、複雑な空間分割・構成を仕上げる作業に専心していった。ヴィットーネの建物は、最下部から最上部までの有機的連続性が特徴であり、自然な連続性が、上昇をより強力に後押ししている。グァリーニのような、空間諸部分を後から組み合わせて並べたような感じではない。

　彼の最大の工夫は、独自の「二重シェル構造」にある。二重の外皮が形成する建物を取り囲む光の箱は、ドームにもギャラリーにも光を満たしていく。それは直接光、間接光、そして偶然の散乱とさまざまな源泉からの光であり、その相互作用により、建物全体が、神秘的に、茫洋と浮かんでいく。別言すれば、建築は皮膜となって空中を漂い始めるのである。

　またヴィットーネは、グァリーニやユヴァッラと異なり、国王の偉大さを称える建築を建てることはなかった。いくつか王に依頼されたが、それらは宮殿ではなく、王の慈悲をあらわす慈善院(Ospizio di Carità)などだった。宮廷に親しむこともなく、中央の政治からははずれ者であった。しかし彼は、一般の人に人気があり、トリノとその近郊の小教区や小さな信心会・修道会が、彼に建築を依頼した。だからその建築は、トリノではなく、たいがい郊外の小さな町村の細い道沿いや丘の上に、ひっそりと立っている。規模も小型でめだたない聖堂だが、そこには、最上の霊性のあらわれがあるように思われる。彼の教会は、光の容器となり、そこに佇む者に、神の現存を確信させるからである。

トリノの
バロック建築を歩く

トリノ　Torino

サン・ロレンツォ教会　San Lorenzo

　マダマ宮と王宮のあいだ、マダマ宮のファサードの反対側、つまりカステッロ広場の西北端に建つグァリーニ作の八角形の中央集中式の教会である。1668〜80年につくられた。集中式曲面で構成されながらも、広がりと動きをもつというバロック的観念に沿い、異種空間の塊が、上下のみならず左右・水平方向にも相接し相互貫入して凹凸をなし、強靱でしなやかな形態を脈打つようなリズムが感じられる。八角形のプランは、内部では、ぐるりとめぐるエンタブラチャーの上のペンデンティヴとアーチをもつ四つの大きなピアーにより、ギリシア十字平面に変換される。ペンデンティヴは厚紙のように曲がり、小さな穴をいくつも開けられているため、煉瓦造りの壁のなかにすっぽり包まれた洞・窪みのように見える。そしてアーチは内部のほうに折れ曲がり、曲芸のようにバランスをとってド

サン・ロレンツォ教会内部ドーム　トリノ

サクラ・シンドーネ礼拝堂　トリノ

サン・ロレンツォ教会　トリノ

ームを中空に支えている。

　下からドームを見上げると、8本のリブが軽快に交差している。その中央部には、八角形の明りとり(ランタン)があるが、そこにさらに8本のリブが付加されて、もうひとつの八角形をつくっている。それにしても、装飾豊かな堂内は、なんと明るいこ

とか。小さな冴えない門からなかに入って、まずうたれるのはその点だろう。じつにこの教会は、ドームに「窓」を配した、トリノ最初の教会なのである。そしてドームこそ、明りの本源になっているが、それはドームを2段、3段にして、それぞれに窓を穿っているからである。あたかもドームそのものが、リブの織りなす織物となって、神秘に輝く光の海に浮いているようである。

サクラ・シンドーネ礼拝堂
Cappella della Sacra Sindone

　ドゥオーモは、この町では、ルネサンス風のファサードの唯一の作例である。白大理石製でトスカーナ風の三つの扉口をもつ。ドゥオーモ自体はとりたてておもしろいことはないのだが、聖堂内陣の脇に注目に値する**サクラ・シンドーネ礼拝堂**がある。

第8章　脈動と幻惑——王都トリノのバロック　149

シンドーネとは、杉綾織の亜麻織物で、イエスが十字架降架ののちくるまれた布、サヴォイア家が誇りとする「トリノの聖骸布」である。この至宝をおさめた銀の柩（ひつぎ）が安置された豪華な祭壇のための礼拝堂建設が、1657年に、アメデオ・ディ・カステッラモンテ（1610〜83）によって始められ、それをグァリーニが引き継いで、1667〜90年にかけて完成させた。これはその奇抜なドームにより、グァリーニの代表作となった。ここでも、ペンデンティヴには、大きな円窓が規則的に配置され、その上に、丈高いドラムが、やはり六つの開口部をもってすっくと立ち、さらにその上にドームが載っている。ドームを構成しているのは、尖頭ヴォールトではなく、弓形ヴォールトが積み上がり、リブが何重にも輻輳（ふくそう）している。だが内部から見上げると、これはドームというより、リブが弓形になって無限に追加される「リブのミルフィーユ」のように見える。ここでは、リブはゴシックのヴォールトとはまったく異なり、対角線上（斜め）に周囲を動くが、各々が、下の多角形のひとつの角に架かっており、各層は他の層の上に載っているのである。昇るにつれて口径が狭くなって、下から見上げると目眩く渦巻きに吸い込まれそうである。

カリニャーノ宮　Palazzo Carignano

サヴォイア家のカリニャーノ朝に属するエマヌエーレ・フィリベルト公（在位1656〜1709）の命により、グァリーニが1679年から建て始めた宮殿である。グァリーニの死（1683）後は、バロンチェッリが引き継いだ。広場沿いのファサードには、たっぷりとしたゆるやかな凹凸があり、内部の部

カリニャーノ宮　トリノ

屋空間の形と対応している。1階部分は、2本組になった平らな付け柱が、ドリス式柱頭を頂いており、その柱身には繊細な模様が繰り返されている。その上の2階部分には、1階に重なるようにして、ほっそりと高いモチーフの付け柱（こちらはコリント式柱頭が載っている）が並んで対応している。2階の付け柱のあいだに下から上へと高さが短くなる「窓」が挟まれている。窓の上部には、複雑な曲線装飾がテラコッタでつくられている。さらにその上に楣構造が、帯のようにずっと左右に伸び、ふんだんな薄肉彫りが施されている。

サントゥアリオ・デッラ・コンソラータ
Santuario della Consolata

王宮の西方（左方）の同名の広場に面して立ち、1678年グァリーニによって増改築された。クーポラ完成は1702年。彼の工

サントゥアリオ・デッラ・コンソラータ　トリノ

夫は、すでにあったサン・タンドレーア教会を、この新教会の入り口ホールにしてしまうことだった。ファサードは、プロナオス（前廊）のついた新古典様式（1860年）の明晰で秩序正しいたたずまいであるが、内部は優美な内装が施され、とりわけ黄色の大理石の使用が独創的である。六角形の内部は楕円形の礼拝堂に縁取られ、大理石と金色の化粧漆喰によって豪奢に飾られている。クーポラの支持要素を強調するため、開口部を移動・変更したりするヴァリエーションがあるが、これもいつものグァリーニのやり方である。

サンタ・クリスティーナ教会
Santa Cristina

サン・カルロ広場に建つ教会である。双子の教会のように左右によく似たファサードの教会（ともに単身廊）がローマ通りを挟んで並んでおり、公と公妃による世俗・宗教支配のイデオロギーの目に見える徴となっている。右側にあるのが、1619年から17世紀末までいく人もの建築家・彫刻家・画家の協力のもとにつくられた**サン・カルロ教会**である。そして左側に建つのが**サンタ・クリスティーナ教会**であり、やはり17世紀にいく人もの芸術家の参加をえてつくられた。

両教会のファサードをユヴァッラは並行してつくろうとしたが、彼が完成させたのはサンタ・クリスティーナ教会のほうだった（1715〜18）。凹面のファサードは2層になり、層のあいだは大きな楯構造が仕切っている。中央玄関は左右の円柱に挟まれており、玄関上のアーキトレーヴ（楯）の上にはシーマ（冠繰り形）が載っているが、中央が折れ、渦巻模様に捻れている。冠繰り形がへこんでいるのは、そこに「紋章」を据えるためであった。第2層（上層）には、大きな楕円窓の両側にそれぞれ対をなす円柱があり、やはり下部真ん中が切れたペディメントを載せている。ファサードには張出しがふんだんにあり、ファサードを構成す

サンタ・クリスティーナ教会とサン・カルロ教会　トリノ

る諸部分を中断することなく連結している、コーニスのビッシリとした連なりにより獲得された無数のレベルの移動・変化が、きわめて独創的である。

マダマ宮　Palazzo Madama

　マダマ宮は、サン・カルロ広場とローマ通りでつながるもうひとつの中心広場というべきカステッロ広場の中心に鎮座している。ヴィットーリオ・アメデオ2世の母(ヴィットーリオ・アメデオ1世の妻)で、9年間(1675〜84)摂政を務めたサヴォイア家のマリア・ジョヴァンナ・バッティスタの住処になったところから、「マダマ」の名は由来している。この宮殿は、王妃宮としてふさわしい、まさに堂々とした外観を呈し

マダマ宮　トリノ

ているが、ユヴァッラの手掛けたファサード(1721年)が、さまざまな解法の試みできわだっている。彼は地上階の半円筒ヴォールトのあいだに、浮き出し飾りのある切り石積み付け柱の層序を挟み込むが、すぐにそれを変化させ、中央部分では巨大な薄肉彫りで破棄している。上階では、広いガラス窓群が建物のスケールを壮大に見せているし、また4本の巨大なコリント式中央円柱、側面のペアーをなす付け柱、彫像が載った透かし入りの欄干を備えたアッティカ(屋階)が、斬新である。

カルミネ教会　Chiesa del Carmine

カステッロ広場の西方ポルタ・スジーナ地区にある。ユヴァッラによって1732年に建てられ始めた(1734年まで彼が指揮)。内部はきわめてエレガントで、半円筒ヴォールトの単身廊で、左右に三つずつの祭室がある。建物は、アーキトレーヴを越えて高く伸びている。この教会は、ユヴァッラの設計した建物のなかでももっとも大胆な骨組み建築で、すべての要素が他の部分に無関係で、支え合わずに自立しているように見える。ピアーはまるで独立しているかのように、ただ背後のニッチの周囲に湾曲している礼拝堂の壁によって、わずかに支えられている。ヴォールトはその外側がランタンによって引き離されて、横断アーチのフレーム上に張られた薄いキャンバスのように見える。構造体内部にいく重にも開口部がある。積み重なる光の部屋と化した教会諸部分は、楕円形の開口部によって結ばれながら、光を上から下まで運び、どの祭室にもその光が浴びせかけられる。

サン・フィリッポ教会　San Filippo

カリニャーノ宮と貴族のコッレージョ(Collegio dei Nobili)の近くにある教会で、1715年にユヴァッラが全面的な改築計画を立て30年に設計を終えたが、完成までには長い時間がかかり、いく人もの建築家

カルミネ教会外観(左)と内部　トリノ

サン・フィリッポ教会　トリノ

の設計と彫刻家の参加をえて、19世紀末にやっと落成した。厳かな正面玄関は古典主義的なコリント式オーダーである。4本の円柱とその両脇に1本ずつのピアーで、大きなペディメントを支えている。内部は左右計六つの巨大な祭室に脇を固められた大広間となり、祭室群は、自由円柱が支え、小聖歌隊席によって閉ざされたアーチのなかに挿入されている。そしてその全体が、縦溝をつけられたコリント式ピアーが支える力強い連続的楣構造に填め込まれている。半円筒ヴォールト天井とファサード裏の壁にはめ込まれた多葉状大窓から入る光が堂内に射し込み、祭室や祭壇を輝かす。交差部では、ドームは、ドラムがなくて、八つの大きな円窓が開いている。

スーペルガ聖堂
Santuario e basilica di Superga

　トリノの中心部から東方10㎞の小高い丘(670m)の上に聳え立つ教会である。リ

スーペルガ聖堂遠望　トリノ

スーペルガ聖堂内部クーポラ　トリノ

ヴォリとトリノをつなぐ軸線と関連させ、すべての周辺住民にとっての目印になるものにしようと計画された。ヴィットーリオ・アメデオ２世が1706年のフランス軍の攻城のときに立てた願をはたすべく、ユヴァッラに建築を委ねた（1731年完成）。

　全体に後期バロック様式だが、随所で古典主義的要素によって変化がつけられている。ユヴァッラは、ミケランジェロがローマのサン・ピエトロ教会のためにつくったクーポラを参考にし、高いクーポラをデザインした。建物は巧みに連結された基部の上に立ち、ドラムとクーポラは四つのシンメトリカルな軸線をもつ。そのうち２本は身廊に即して交差し、他の２本は対角線をなしている。高く巨大なドームの両脇には、双塔が脇侍のように立ち、４本の大きな円柱が立つポルティコの前に正面階段がつづいている。化粧漆喰の色は明色で、太陽の下、周囲の森の暗がりによく映えて皎々（こうこう）と輝くよう企図された。まさに景観と建物のあいだの幸せな関係が、ここにある。

サンタ・キアーラ教会　Santa Chiara

　グァリーニによるサントゥアリオ・デッラ・コンソラータのすぐ近くに、1200年より聖キアーラ会の修道院が存在したが、1742年修道院と道に挟まれた狭いスペースにはめ込むように、教会がつくられることになり、それがヴィットーネに依頼されたのである（1742〜45年）。この教会においては、壁の膜状化が著しい。プランはオープン・ピアー付のギリシア十字形であるが、そのオープン・ピアーは、自立する脆弱な

サンタ・キアーラ教会　トリノ

サンタ・マリア・ディ・ピアッツァ教会
Santa Maria di Piazza

　これもヴィットーネ作である。めだたない場所に、ひっそりと立っている。中心街であるガリバルディ通りのやや南のサンタ・マリア通りにある。もともとあった教区教会を再建したもので、集中式の構造に長堂式タイプを挿入した。建物は四つの部分に分かれる。すなわち、内陣、外陣、そして内陣並びにある二つの部屋（空間）だが、それらが広々した窓によってたがいに交流させられている。ペンデンティヴの穴あき部分から光が入り、澄み切った静穏さがもたらされている。クーポラは四つの大きなアーチに支えられ、対角線部分の窓は、ペンデンティヴの摘出によってえられたニッチの奥に開けられている。

サンタ・キアーラ教会　トリノ

支柱グループになり、その上にギャラリーと八角形のヴォールトが架かっている。支柱とふたのあいだの険しい連結部では、ピアーを薄いコーニスが跨いでいて、それが、上部構造のバランスに注意を集めさせる効果を発揮している。アプシス（後陣）はへこんでクーポラとつながっており、その自律性を制限している。リブは筋・腱となり、それがピンとはりつめて、壁の面が自然と曲面を描く。そして窓からの光の通り道となる開口部が角と側面に開けられて、ヴォールトを第3の層として分離し、それが、建てられたというより浮いているように見せている。

サンタ・マリア・ディ・ピアッツァ教会　トリノ

第8章　脈動と幻惑――王都トリノのバロック

ヴァッリノット Vallinotto

サントゥアリオ・デッラ・ヴィジタツィオーネ　Santuario della Visitazione

　トリノのような大都市だけでなく、小さな町村に、代表的なバロック建築がいくつも散らばっているのは、嬉しい驚きである。トリノの少し南、カリニャーノ近くにあるヴァッリノットもそうであり、そこにはヴィットーネの最初の作品である礼拝堂がある。それは、トリノの銀行家の農場に雇われた農夫の家族たちの、祈りの場としてつくられた（1738〜39）。ここでは浅い円弧を背景にもつ六つの祭室が、六角形の建物をつくりあげている。それぞれの祭室上には、偽のバルコニーがあって、6本の柱から六つのアーチが立っている。そのアーチ上には、交差リブがつけられている。しかしリブのあいだにはそれを埋める面がなくて、あたかも空中に骨組みだけが浮いているかのように見える。その上に、高さが半分ずつになり、口径もやや小さくなっていく3層の円筒が載り、頂にはランタンが載っかっている。六つのアーチの上にはエンタブラチャーがなく、まるで曲線が曲線を呼んで上に接しているようだ。上部のリブ同様に、アーチも中空に浮かんでいるかのようである。たがいに見合わない採光口から、燦々たる光が入り込んで、堂内に充満する。天井の屋根の包皮は、穴の開いた三重ドームの重畳によって強調されている。

ブラ　Bra

サンタ・キアーラ教会　Santa Chiara

　最後に、トリノの南方45kmのところにある、ブラという町を訪ねてみよう。ブラは農業が主産業の小都市だが、いまやスローフード発祥の地として、その名を世界に知られている。しかしサヴォイア家の支配下で芸術が発達し、バロックの名品があることはあまり知られていない。ヴィットーネの傑作、サンタ・キアーラ教会（1742年）がその代表である。これは、クララ会の修道女らがヴィットーネに頼んでつくらせた

サントゥアリオ・デッラ・ヴィジタツィオーネ
内部天井

サンタ・キアーラ教会　ブラ

 もので、集中式の四つ葉プランで、建物全体が四つの巨大な柱の上に立っている。柱は高いアーチをもつギャラリーを越えて上に伸びていき、ドームの四つのアーチへと連続する。ヴィットーネはクローバーの葉型に、ピアーの背後に織り込まれたように卵形の祭室をつくり、かくてそれらが中心部の曲線と共鳴しつつも、完全に独立しているように見せた。壁は堅固さを失い、機能的構造性もなくして、ただ薄い覆いとして被さっているだけである。いくつもの開口部から光が燦々と照りわたり、内部に充溢する。若き建築家は、空間の多重性とその光との関係のテーマを追求するなかで、薄いヴォールトの皮膜をつくってそれをクーポラ自体の「前」に据え（二重のドーム）、天使や聖人の住む天上界を地上界から象徴的に分かつ、という新機軸を思いついた。

サンタ・キアーラ教会内部　ブラ

第8章　脈動と幻惑——王都トリノのバロック　159

おわりに――様式から意匠へ

　本書では、私がこれまでイタリアに行ったついでに、訪れたことのある建築物のいくつかを、時代順に、ロマネスク、ゴシック、ルネサンス、マニエリスム、バロックというように下って紹介してきた。読んでいただいた方にはおわかりだろうが、たんに時代ごとの建築の特徴を明らかにしようとしたのではなく、ある特定の「地域」のもっとも華やかな「時代」に、住民たちに愛された建築にこだわり、その文化的・社会的意味を探ることを心掛けてきた。それによって、たんなる建築の通史でも旅行案内でもなく、時間の旅が空間の旅と重なり、まさに「歴史の旅」となるように工夫したつもりである。

　しかし、当然のことだが、私はすべての地域をくまなく見て、その数ある名品を紹介しつくしたわけではない。また時代にしても、バロック期で止めてしまった。その選択は、私の能力と趣味に拠っているのであり、ほんとうは、取り上げるべき重要建築はもっと数多くあろうし、より時代を下ってイタリア建築を論ずることもできたはずである。この点、ご容赦願いたい。

　本書を書くにあたって、ちょっとしたヒントとして着目したのは、古代的な「円」や「球」が、どのように建築の歴史に宿り、時代とともに転がっていくのか、ということであった。太古より宇宙や生命と関係づけられてきた円・球は、家屋・建築にもコスモロジカルな意味を与えてきた。ローマ建築のひとつの規範となったパンテオンをはじめとする円形建築が、キリスト教にうけつがれたのはそのためであり、この円形建築は、ローマ建築のもうひとつの規範であるバシリカ（様式）と並び、競合しながら、イタリア建築の枠組みとなってきたのである。

　しかし中世になると、ビザンツとその影響をこうむった一部の地域をのぞき、円・球は影を潜める。たとえばロマネスクでは、壁の膨らみや、半円筒ヴォールトないし半球のクーポラが載っている天井部分のほかは、洗礼堂や霊廟などだけが、円形・集中式の構造でつくられた。ゴシック建築はさらに徹底して円・球を排除し、わずかに薔薇窓に生き残っただけだった。

しかしルネサンスを迎えると、ふたたび円や正方形といった中心から等距離の図形が愛好され、集中式のプランの建物が脚光を浴びるようになる。建物内部には、円や球、その分割体がいくつも見いだされることだろう。さらに古代の円形神殿を模した建物も設計された。ブラマンテのテンピエットはその代表例である。またマニエリスム期にも、パッラディオが世俗建築に集中式構造を導入した。その代表が、ヴィチェンツァ郊外のヴィッラ「ロトンダ」である。
　私たちのイタリア建築への旅の最初の旅程にあった円・球は、バロックの最終段階にも、ルネサンスをひきついで、頻繁にあらわれる。だがこの円・球は、ルネサンスのような円かなものではない。なんとひどく歪曲し、分割され、複合されていることか！　こうした基本図形の変遷を眺めてみるだけでも、イタリアの、あるいはヨーロッパの精神の深部の変遷をうち見る思いがしよう。
　最後に、いくつかつけ加えておきたいことがある。
　ひとつは、本書では多少とも教科書的に、建築「様式」ごとに建築物をまとめてきたが、純粋な様式でつくられた建築は、実際はきわめて少なく、多くはさまざまな要素が入り込み、また前代、後代の様式や意匠と融合して、混淆した姿を現出している、ということである。私は本書の途中で、イタリアには純粋なロマネスク建築も、純粋なゴシック建築もないのではないか、という仮説を提出しておいた。そもそも「様式」というのは、理念型でしかありえないのかもしれない。各地域でつくりだされた建築は、地域文化の一要素としてとらえる必要があり、そうであるならば、歴史のある時点で、各地域にうけつがれた個性豊かな伝統と外来要素の流入、そして「ローマの規範」への地域ごと建築家ごとの対応がいかなるものであったのか、これらがイタリア建築の姿を決めてきたのである。このことは繰り返し述べておいた。
　もうひとつ、私たちの「歴史の旅」は、バロック期のトリノで止まったが、その後のイタリア建築はどのように展開したのだろうか。イタリアでは、バロック芸術が衰退してからというもの、政治の近代化が進められるまで、諸外国に蹂躙され、

国家統一もなしえぬまま苦吟していた。フランスやイギリスやドイツ（オーストリア、プロイセン）、あるいはロシアなどは、絶対王政を敷き、国家的事業として王宮をはじめとする公共建築物を新たに建築していったが、イタリアにはそんな余裕はなかった。だから後期バロック、ロココ、新古典主義といった19世紀初頭までの建築様式においては、イタリアが主導することはまったくなかったのである。建築においても歴史主義が台頭し、直接古代へと接近して研究を重ね、合理的・理性的なアプローチで新建築に役立てようという気運が高まると、イタリアは、自ら新様式を開発するというよりは、諸外国に霊感をもたらす無尽蔵のモデルを提供する、そうしたモデルの貯蔵庫として、その存在感を示したのである。

　その後、19世紀末のアール・ヌーヴォーの時代となって、ようやくイタリア建築が復活するようだ。アール・ヌーヴォーにおいては、古典主義や過去の伝統から離れたまったく新たなデザインの方向が求められる。たとえば植物形態などからつくった有機体的な曲線デザインを、鉄やガラス、タイルで実現するのである。ガラスからは室内に燦々と光が入り、窓や壁に渦巻く曲線が美しく流れる。この運動はベルギーとフランスで始まり、ドイツではユーゲント・シュティール（青春様式）と呼ばれ、イタリアでは、ロンドンのリバティー百貨店の名から、リバティー様式と称された。都市には大衆が出現し、生活・労働の場としての建築にも機能性が追求され、かつての歴史に範を求める姿勢はゆるんでいった。

　その後イタリアでは、さらなる新装飾建築が、工業化の進んだ大都市、ミラノやトリノを中心に、新素材でつくられていった。工場主など新たな富者がパトロンとなった。そこにつぎつぎ出現した建築においては、それまで主流であった対称性にたいし、非対称の曲線的模様を特徴としていた。植物的曲線に加えて、動物の骨や関節・蹄などをモチーフとし、鋳鉄の可塑性を利用してなったこれらの建物は、力強いこともあれば、なめらかで官能的なこともあった。ここにはもう古典・キリスト教建築の文法や用語はない。ヨーロッパ各地で、建築理想の自覚的な主張者が、その作品を「雑誌」という媒体に

つぎつぎ発表していき、近代運動は、1920年代にモダニズムへとまとまっていく。イタリアではとくに、未来派と合理主義建築のデザイン性豊かな試みが、目をひいた。

20世紀以降の建築では、工業化にふさわしい建物をつくるために鉄筋コンクリートが大量使用されることになった。そして合理性・機能性を追求した無装飾の直線的構造体が、鉄筋コンクリートでつぎつぎと建てられた。鉄、ガラス、コンクリート、アルミ、ステンレスを使用し、機能主義的で国際主義的な建築言語がゆきわたって世界共通の土俵ができながら、その解法は、建築家のその場その場の思いつきにすぎなくなり、とりとめのない多様な試みが無数になされることになった。

20世紀後半以降、重要なのはもはや土地や伝統ではなく、建築家ないしその集団の閃き、才覚である。古典や土着からの引用をするときにさえ、それは建築家を縛る規範・様式ではなく、よりどりみどりの意匠にすぎない。建築は特定の地域や時代と結びつかず、建築家のみに結びつく。しかもすっかり国際化した建築界では、もはやイタリア建築などと呼びうるものは、なくなってしまったのかもしれない。

こうしてみると、イタリアが「ローマの規範」から解放されるのには、二千年近くもかかったことになる。そしてイタリアの建築家が世界の建築界においてふたたび輝きだしたのが、古典の呪縛からまったく免れた、この現代、1960年代後半以降であったのは、いかにも皮肉だ。

それでも、やはりイタリアらしさは、アルド・ロッシ(1931～97)やジョルジョ・グラッシ(1935～)などの作品にうかがわれるのではないか、と私には思われる。その「イタリアらしさ」が、本書で明らかにしてきた「イタリア性」とどうかかわるかは、後日、ゆっくり考えてみたい。

■建築用語集

アーキヴォールト　飾り迫縁(せりぶち)。教会扉口の上の何重にもなった装飾的アーチ層。

アーキトレーヴ(楣(まぐさ))　開口部の上にある水平材。

アーケード　ロマネスクやゴシック建築に見られ、建物の外壁に付設された一立面上に並ぶアーチの連続によってつくられる開口部。通路をもたない盲アーケードと、吹放ちの外廊風のものがある。

アーチ　ヴォールトや窓、出入り口などの開口部上方の円弧やその複合からなる線形のこと。
　横断アーチ　身廊を横断する方向にヴォールト下面に沿って架構されるアーチ。
　小盲アーチ(アルケット)　ファサードや建物側面の上部などを縁取るように連続的につけられた小さな装飾的盲アーチ。
　尖頭アーチ　スパンの長さに等しい半径をもつ二つの円弧を組み合わせ、尖頭形としたアーチ。
　半円アーチ　半円形をしたアーチ。
　補強アーチ　壁体や楣式開口部を補強するため、壁体の組積内部に一体となって積まれるアーチ。

アプシス(後陣)　身廊の東端の、通常半円形に膨らんでいる部分。内陣があり中心に主祭壇がおかれる。

ヴェスタ神殿　竈(かまど)の女神を祀ったレンガ造りの、ローマに残る最古(前213)の神殿。

ヴォールト　迫石(せりいし)によってつくられた天井部分。半円筒ヴォールト、交差ヴォールト、四分の一円ヴォールト、尖頭アーチ形ヴォールトなどがある。

リブ・ヴォールト　交差ヴォールトの対角線方向の十字型に直交する稜線にリブがついたもの。

エンタブラチャー　古代ギリシアの神殿建築で円柱の上に渡される梁の部分。

オーダー　ギリシア・ローマ建築における円柱とエンタブラチャー諸部分の比例関係をもとにした構成原理。ルネサンス建築以後、西洋建築の規範となる。
　イオニア式オーダー　渦巻模様が特徴的なオーダー。前6世紀頃に小アジアで作成されたもの。「女性的」なしなやかさを備えている。
　コリント式オーダー　前5世紀頃に、アテネで発明されたアカンサスの葉を模したオーダー。装飾の豊かさと自由さによってヴァリエーションが多い。イオニア式よりもさらにほっそりとした印象を与え、繊細な肢体をもつ少女に準えられる。
　ドリス式オーダー　オーダーのなかではもっともその起原が古いと考えられ、ペロポネソス半島最古のギリシア建築にもちいられている。雄勁で「男性的」と特徴づけられる。

開廊(ロッジャ)　少なくとも一方が列柱に支えられ吹放ちになっている廊下。
　小開廊(ロッジェッタ)　小型のロッジャでファサードなどの装飾にもちいられる。

カタコンベ(地下墓所)　古代キリスト教の地下墓地。

カテドラル　「司教座聖堂」のフランス語。

カンポサント　「聖なる野」という意味で墓地

のこと。ピサのドゥオーモ広場にあるものが有名。

キオストロ　修道院の建物の内部にある回廊のある中庭。

クーポラ　教会の丸天井のこと。

クリアストーリー　採光を目的としてつくられた高窓のこと。

クリプタ　地下祭室で、教会内部で内陣の下につくられた、聖人の遺体を安置する場所。

交差部　身廊と翼廊の交わる部分。

コーニス　壁に水平についた横方向の装飾部材。

小屋組み　木造の屋根を支える骨組み。

コルティーレ（中庭）　周囲を建物に囲まれた中庭で、建物に光と空気を採り入れるために設けられる。

祭室　側廊・翼廊や後陣にある、小祭壇を安置する礼拝堂で、諸聖人を祀る。

参事会教会　司教座のない都市で参事会組織をもつ主要教会。

シーマ（冠繰り形）　ギリシア神殿などでコーニス最上部に設けられる突き出た雨樋状部分。

周歩廊　教会の東端（アプス）をめぐって設けられる側廊。

主階（ピアノ・ノービレ）　イタリアの邸館やヴ

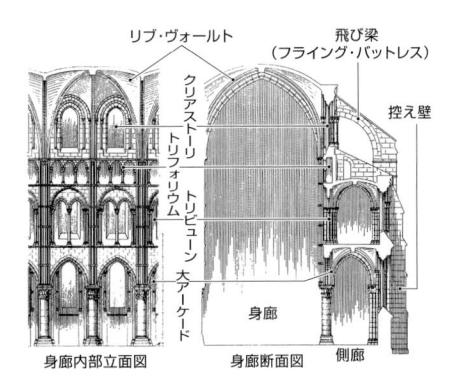

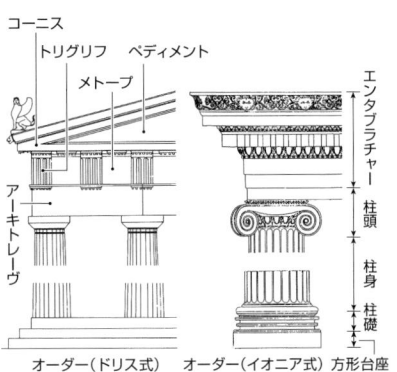

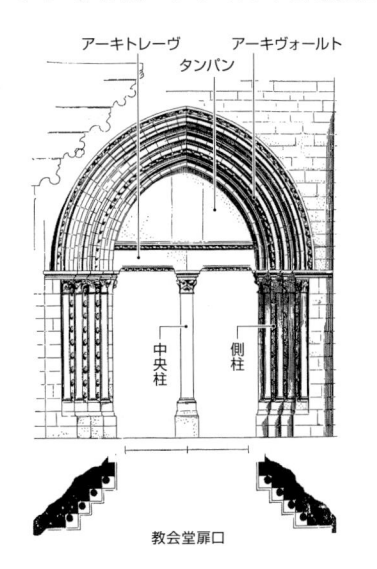

ィッラなどで、応接間のある階。通常2階。

身廊　教会の中央入り口から内陣までの細長い広間の部分。

側廊　教会の軀体の身廊の両脇部分。

タンパン(ティンパヌム)／半タンパン　建物入り口上にあり、アーキトレーヴとアーチによって区画された半円形か三角形の装飾的な壁面。半タンパンは、半分に縦割りした装飾的タンパンで、マニエリスムのモチーフ。

付け柱(ピラスター)　壁に貼り付けられた、あるいは埋め込まれた装飾用の柱。補強剤として控え壁に近いものもある。

ドゥオーモ　イタリア語で「司教座聖堂」のこと。

トゥルッロ(単数)／トゥルッリ(複数)　プーリア地方に見られる、石を積み重ね内壁に漆喰を塗った円錐形の屋根の家。

飛び梁(フライング・バットレス)　高い外壁を外部で支える弧形の梁。

ドーム(天蓋)　半球形の丸屋根、丸天井。

ドラム　内部が中空になった円筒形部品だが、建築ではドームと円形の台のあいだの円筒形ないし多角柱形の胴体部分のこと。

トリビューン　教会側廊上部の連続的な回廊。

トリフォリウム　側廊上部の回廊ないし通路が主身廊の方に面して開いた開口部。

トレーサリー　西洋建築で、アーチ形の窓の上部にはめ込む装飾用の石材。窓を、幾何学的あるいは複雑な曲線模様に仕切り、そのあいだにステンドグラスをはめる。ゴシック建築の特徴をなす。

トロス　クーポラ(丸屋根)を意味するギリシア語でトゥルッリ(単数はトゥルッロ)の語源ともいわれる。

内陣　教会堂奥の聖職者のみが入れる神聖な空間部分。

ナルテックス　教会入り口の部屋部分。もともとは受洗していない人がそこにとどまる。

バシリカ　ローマ時代にあった長方形プランの公共建築物で、元来3廊式であった。この基本的な形が、キリスト教会にとり入れられた。

パラッツォ(邸館)　イタリアで王侯貴族が住んでいた大きな館。大きな公共建築のこともパラッツォと呼ぶ。

薔薇窓　教会建築のファサードにある大きな円窓。

バルケッサ　ヴィラの両脇にあり倉庫として使われる部分。

万神殿　パンテオンのこと。一般に「すべての神々」を祀る神殿とされるが、すべての神々ではなく「もっとも優れた神々」のための神殿だという解釈もある。

ピアー　独立した大断面の柱・橋脚・大口径の杭や水中・地下の箱型の基礎などのこと。

控え壁(バットレス)　壁の安定の為に、横

圧力に対する耐力を補強すべく壁面から突出して設けられる石積みブロック。

ピナクル（小尖塔）　ゴシック建築で、控え壁の頂部や飾り破風両側に設けられる小さな装飾的な塔。

ファサード　一般には正面玄関のついた建物の立面のことだが、外観として重要な面もファサードと呼ぶ。

プロナオス（前廊）　ギリシア＝ローマの神殿における前室。

フランボワイアン　装飾の技巧性が際立つ中世末期の教会建築で、トレーサリーが火炎状の形をとる。

壁龕（ニッチ）　置物を飾るために設けられた壁のくぼみ。

ベイ　教会建築などで4本の支柱によって区画された空間の単位。

ペディメント（切り妻壁）　西洋建築における切り妻屋根の、水平コーニスと屋根部分の斜めのコーニス（レーキング・コーニス）によって囲まれた三角形の部分。

ペンデンティヴ　正方形におかれた四つのアーチとその上に架構されたドームの下縁に挟まれた球面三角形の小間。

放射状祭室　後陣の周りを囲む周歩廊につくられた祭室。

ポルティコ　列柱がペディメントを支えた柱廊玄関。道路と建物群のあいだで、列柱が支えるアーケードのこともポルティコという。

前庭（アトリウム）　建物の入り口部分の空間。

マトロネオ　もともと女性のためにつくられた、側廊の上部に設けられた教会内部の長い開廊。

マニエラ（手法）　マニエリスムの語源をなす語で、既存の建築・絵画作品のあちこちから美しいものを集め、組み合わせ、統一し、これまでにない優美な手法（マニエラ）をつくる、という志向である。

マルテュリウム（殉教者記念堂）　殉教した聖人の記念墓廟。

持ち送り（メンソラ）　柱や壁の垂直面から水平に外に張り出させた部材ないし構法で、バルコニー、庇、梁、棚、出窓などを支える。

モドゥルス／モジュール・プラン　ギリシア・ローマの石造建築の比例を定めるためにもちいられた基準寸法。たとえば円柱基部の直径を1モドゥルスとし、柱の高さや柱間などをその倍数として設計する。

翼廊　身廊に対して直角に左右に張り出した「腕」の部分。

ランタン（明りとり、天窓）　円蓋の頂点部分。

ルネタ（リュネット）　窓あるいは扉口の上部を覆う半円形壁面。

ロンバルディア帯　半円アーチを連ねた軒周りの片蓋柱状装飾。北イタリア・ロンバルディア地方の石工による意匠が起源ともいわれる。

あとがき

　イタリアの諸都市、その歴史地区は、ロマネスクからバロックにかけての建物で埋めつくされている。ヴェネツィアやフィレンツェ、シエナやピサ、いずれもそうである。もちろん、より近代的な建物が林立しているミラノなどの大都市もあるが、「歴史の旅」の目的地としては、ロマネスクからバロックの時代の建築でひとまず十分ではないか、と思う。

　パッラディオにせよ、ユヴァッラにせよ、なぜこの建物を取り上げて、あの建物は取り上げないのだ、まだ代表作は別にもあるだろう、というお叱りがあるかもしれない。そもそもバロックといいながら、ローマ、ナポリ、シチリア、ヴェネツィアなどを本格的に取り上げずに、レッチェとトリノだけですましているのはおかしい、というのもそのとおりだろう。

　だが本書では、網羅的・総花的にイタリア建築を扱うということはしなかったし、そうしないほうがよいと考えた。かえって、自身で親しく訪ねたことのある、そして大きな感銘をうけた作例をいくつか取り上げ、それを歴史を考える縁にしようとした。建築は、絵画や彫刻作品に比べて巨大で、それを目の前にし、そのなかで活動する者に強烈な印象を与えるが、その美的な価値を言葉にしようとするのは、至極難しい。無意識に働きかける雰囲気が、重要になってくるからである。

　しかし、その言葉にする難しさは、「歴史」を全体としてとらえることの難しさとつうじるところがあるようにも感じられる。なぜなら、歴史的な建築を正しく評価し、その意味を客観的な言葉で言い表すには、建築構造の数学的理解や、建築の様式論や文法・統辞論といったものも必要だろうが、それ以上に、建物を時代の価値体系のなかで考察しなくてはならないからである。そこには、地域や時代を全体としてとらえるセンスと想像力が求められ、それは、他の歴史事象を扱う場合とおなじだからである。そのとき、無意識に働きかける雰囲気を正確な言葉にする努力は、歴史的想像力と補いあい、たがいに手を添えあうだろう。

　本書は、「イタリア」への憧れを一テーマに沿ってまとめてみよう、という私の試みの第2弾である。以前、「料理」「食文化」を鍵としてイタリアとはどんな国柄なのか、と考えてみたが(『世界の食文化15――イタリア』農山漁村文化協会 2003)、それを建築でもやってみたわけである。そして、中世から近代初頭までのイタリア建築を追ってみることによって、建築に体現された「イタリア精神」というか「イタリア性」というものが、たしかにあることが判明した。イタリアは地域性の勝った国柄で、イギリスやフランスを語るようにはイタリアは語れないのはたしかだが、それでも中世以降現代まで――統一国家(1861年成立)が

できようができまいが——この長靴形の半島と島々には、genius loci（地霊）とromanitas（ローマ性）が融合した「イタリア性」つまりイタリアとしてのまとまりが、厳として存在したのである。

　このことを、「食文化」について、今回「建築」を考察することで、私はますます確信することとなった。

＊

　本書が完成するには、多くの方々のお世話になった。歴史に思いを馳せながら、イタリアを北から南まで回って建物を見て回るのは、ハードだが楽しい体験であった。旅の相棒で共著者の写真家大村次郷氏は、その妥協のない仕事ぶりで、もうこのくらいでやめとこう、と怯みがちな私のお尻を叩いて、後悔のない取材を後押ししてくれた。良い写真を撮るために、かなり「思い切ったこと」もした。写真だけでなく、私の文章にもその必死さがあらわれているとよいのだが……。

　バーリ在住のジョザファット・ガンビーノ君には、プーリア地方を車で案内してもらった。はじめはたんなる運転手として雇うつもりだったのだが、私たちの前にあらわれた若者が、じつは建築の専門家であるという僥倖（ぎょうこう）に恵まれ、プーリア式ロマネスク巡りは、ことのほか充実したものになった。またトレヴィーゾ在住の平野麻子さんには、コーディネーター兼運転手として、ヴェネトのパッラディオ詣でとピエモンテ式バロックの案内をお願いした。イタリア人の性格に通暁し、交渉上手で、私1人ならとても見せてもらえないようなものも見ることができた。またイタリア食材の専門家である彼女との行動には、美味しいものがついて回り、それももっけの幸いであった。

　山川出版社の編集部には、本書の企画から完成まで、さまざま助言していただき、読者にとって理解しやすくなるような工夫を提案・手助けしていただいた。

　本書を世に送り出すために力を添えていただいたこれらの皆さんに、心より感謝いたします。それにしても、企画からすでに6年も経ってしまった。強烈な旅の思い出もやや薄れ、言いわけも尽き果てたころ、やっと出版にこぎつけたわけで、本当に申しわけなく思っている。せめて時間をかけただけある、類書とは一味違うできになっていれば、と願うばかりである。

■参考文献

J. アッカーマン（中森義宗訳）『パッラーディオの建築』彰国社　1979
J. アッカーマン（中森義宗訳）『ミケランジェロの建築』彰国社　1976
G. C. アルガン（浅井朋子訳）『ブルネッレスキ――ルネサンス建築の開花』鹿島出版会　1981
G. C. アルガン（長谷川正允訳）『ボッロミーニ』（SD選書）鹿島出版会　1992
磯崎新, 篠山紀信　『パラッツォ・デル・テ――16世紀』（磯崎新の建築談義08）六耀社　2001
O. ヴァーグナー（樋口清・佐久間博訳）『近代建築――学生に与える建築手引き』中央公論美術出版　1985
R. ウィットコウワー（中森義宗訳）『ヒューマニズム建築の源流』彰国社　1971
J. B. ヴィニョーラ（長尾重武編）『建築の五つのオーダー』中央公論美術出版　1984
H. ヴェルフリン（上松佑二訳）『ルネサンスとバロック――イタリアにおけるバロック様式の成立と本質に関する研究』中央公論美術出版　1993
鵜沢隆・伊藤重剛編『イタリア／ギリシア』（世界の建築・街並みガイド3）エクスナレッジ　2003
E. カウフマン（白井秀和訳）『理性の時代の建築――イギリス・イタリアにおけるバロックとバロック以後』中央公論美術出版　1993
香山壽夫・香山玲子『イタリアの初期キリスト教聖堂――静かなる空間の輝き』丸善　1999
A. グラバール（辻佐保子訳）『キリスト教美術の誕生』（人類の美術）新潮社　1967
V. グレゴッティ（松井宏方訳）『イタリアの現代建築』（SD選書）鹿島出版会　1979
J. サマーソン（堀内正昭訳）『18世紀の建築――バロックと新古典主義』（SDライブラリー）鹿島出版会　1993
陣内秀信『イタリア――都市と建築を読む』（講談社+α文庫）講談社　2001
陣内秀信『都市を読む――イタリア』法政大学出版局　1988
陣内秀信「バロック都市レッチェの居住空間」『日伊文化研究』37（1999）23-31頁
陣内秀信監修・喜多章写真・大槻武志編著『建築と都市の美学、イタリアⅡ.Ⅲ.Ⅴ』コンフォルトギャラリー　建築資料研究社　2000-2001
R. スクルートン（阿部公正訳）『建築美学』丸善　1985
長尾重武『パラディオへの招待』（SD選書）鹿島出版会　1994
長尾重武『ローマ――バロックの劇場都市』（建築巡礼26）丸善　1993
中嶋和郎『ルネサンス理想都市』（講談社選書メチエ）講談社　1996
C. ノルベルグ＝シュルツ（加藤邦男訳）『図説世界建築史11 バロック建築』本の友社　2001
G. ファネッリ（児嶋由枝訳）『ブルネレスキ――新しい空間の創造者』（イタリア・ルネサンスの巨匠たち7）東京書籍　1994
P. ファン・デル・レー他（野口昌夫訳）『イタリアのヴィラと庭園』鹿島出版会　1997
福田晴虔『パッラーディオ――世界の建築家』鹿島出版会　1979
福田晴虔『建築と劇場――18世紀イタリアの劇場論』中央公論美術出版　1991
K. フランプトン（中村敏男訳）『現代建築史』青土社　2003
L. ベネヴォロ（武藤章訳）『近代建築の歴史』（上・下）鹿島出版会　1978-79年

R. ボルヒャルト(小竹澄栄訳)『ピサ——ある帝国都市の孤独』みすず書房　1992年
P. マレー（長尾重武訳）『イタリア・ルネッサンスの建築』（SDライブラリー）鹿島出版会　1991
宮下規久朗『イタリア・バロック——美術と建築』（世界歴史の旅）山川出版社　2006
湯澤正信『劇的な空間——栄光のイタリア・バロック』（建築巡礼7)丸善　1989
J. M. リチャーズ(桐敷真次郎訳)『近代建築とは何か』彰国社　1952
W. リプチンスキ(渡辺真弓訳)『完璧な家——パラーディオのヴィラをめぐる旅』白水社　2005
C. ロウ(伊東豊雄・松永安光訳)『マニエリスムと近代建築——コーリン・ロウ建築論選集』彰国社　1981
渡辺真弓『ルネッサンスの黄昏——パラーディオ紀行』（建築巡礼6)丸善　1988
P. Belli D' Elia, *Puglia romanica*, Milano, 2003.
H. Brandenburg, *Die frühchristlichen Kirchen Roms vom 4. bis zum 7. Jahrhundert: Der Beginn der abendländischen Kirchenbaukunst*, 2. Aufl., Regensburg, 2005.
C. Brandi, *Pellegrino di Puglia; Martina Franca*, Roma, 2002.
W. Canavesio, *Piemonte barocco* [Patrimonio Artistico Italiano], Milano, 2001.
R. Coroneo & R. Serra, *Sardegna preromanica e romanica*, Milano, 2004.
A. Di Santo, *Piazza del Duomo di Pisa* [Il Bel Paese, Itinerari 17], Roma, 2004.
M. Fagiolo & V. Cazzato, *Lecce* [Le citta nella storia d'Italia], Roma-Bari, 1984.
C. Fumian & A. Ventura (eds.), *Storia del Veneto*, 1: *Dalle origini al Seicento*, Roma-Bari, 2004.
A. Melani, *Architettura italiana antica e moderna*, Milano, 1930.
V. F. Pardo, *Arezzo* [Le citta nella storia d'Italia], Roma-Bari, 1986.
R. Pommer, *Eighteenth-Century Architecture in Piedmont: The Open Structures of Juvarra, Alfieri, & Vittone*, New York- London, 1967.

■写真出典一覧

Fulvio Cervini, *Liguria Romanica*, milano, 2002.	p.28右
Rolf Toman, *Romanico*, Berlin, 2003.	p.28左
Tommaso Pedio, *Pierluigi Bolognini, Storia della Puglia*, Lecce, 1997.	p.125下、134右
Walter Canavesio, *Patrimonio Artistico Italiano, Piemonte Barocco*, Milano, 2001	p.153、158
絵葉書	p.18右、29左、67、136左、137左上
宮下規久朗提供	p.12、18左、19、20上左、20右、20下
ユニフォトプレス提供	p.72左、90左、93上、105、108、141
著者提供	p.14、15、29右、34、49、50、57、58、66、73、74左、80、103右、103左、142
山川出版社所蔵	p.10、72

＊上記以外はすべて大村次郷撮影。

■索引

〈地名・建築物名〉

●ア行

アウグストゥス帝の凱旋門（リミニ）	102
アブルッツォ（地方、州）	78、77
アルベロベッロ	124
アレッツォ	53、66
イル・レデントーレ教会（ヴェネツィア）	108
ヴァッリノット	158
ヴィチェンツァ	107、108、112
ヴィッラ・アルメリコ＝カプラ（ラ・ロトンダ、ヴィチェンツァ地方）	117
ヴィッラ・エーモ	122、123
ヴィッラ・カルドーニョ（ヴィチェンツァ地方）	116
ヴィッラ・キエリカーティ（ヴァンチ・ムッリオ）	113
ヴィッラ・サラチェーノ（ヴィチェンツァ地方）	115-117
ヴィッラ・サレーゴ（サンタ・ソフィア・ディ・ペデモンテ）	113
ヴィッラ・ジュスティニアーニ（ポルト・ブッフォレ）	111、113
ヴィッラ・バドエール（フラッタ・ポレージネ）	113
ヴィッラ・バルバロ（トレヴィーゾ地方）	119-121
ヴィッラ・ピサーニ（モンターニャ、パトヴァ地方）	113
ヴィッラ・フォスカリ（ラ・マルコンテンタ、ヴェネツィア地方）	109、118
ヴィッラ・フランケッティ（トレヴィーゾ）	112
ヴィッラ・ポイアーナ（ヴィチェンツァ地方）	114、115
ヴェネツィア	108、110-112、119
ヴェネト（地方、州）	16、108、110、111、113、130
ウンブリア（州）	21、74、132
エミーリア＝ロマーニャ地方	102
オストゥーニ	126
オトラント	31、34、35、43
オルヴィエート	71、73、74、78、79-81、83、84

●カ行

カステル・デル・モンテ	35、36
ガッラ・プラキディアの墓廟（ラヴェンナ）	102
ガッリポリ	35
カリニャーノ宮（トリノ）	150
カルミネ教会（トリノ）	153
カルミネ教会（マルティーナ・フランカ）	137、138
カノーサ	124
カンポ広場（シエナ）	75
コモ	29
コッレマッジョのサンタ・マリア教会（ラクイラ）	78、83、84
コンヴェルサーノ	47
コンスタンティヌス帝の凱旋門（ローマ）	102

●サ行

サクラ・シンドーネ礼拝堂（トリノ）	149
サルデーニャ	54、55、126
サルデーニャ島	67
サン・ヴィターレ教会（ラヴェンナ）	17
サン・ガルガーノ修道院（シエナ近郊）	71
サン・カルロ・アッレ・クアトロ・フォンターネ教会（ローマ）	136
サン・グレゴリオ教会（バーリ）	40、41
サン・ジュスト教会（ルッカ）	61
サン・ジョヴァンニ・イン・ラテラノ大聖堂（ローマ）	12、19
サン・ジョヴァンニ洗礼堂（フィレンツェ）	99
サン・ジョヴァンニ・フオルキヴィタース教会（ピストイア）	53
サン・ジョルジョ・マッジョーレ教会（ヴェネツィア）	108
サン・セバスティアーノ教会（マントヴァ）	102
サンタ・キアーラ教会（アッシジ）	72
サンタ・キアーラ教会（トリノ）	156、157
サンタ・キアーラ教会（ブラ）	158、159
サンタ・クリスティーナ教会（トリノ）	151
サンタ・クローチェ教会（フィレンツェ）	72、86、91、93
サンタ・クローチェ教会（レッチェ）	130、135
サンタ・コンスタンツァ教会（霊廟、ローマ）	19、20
サンタ・マリア・アッレ・カンポラ修道院（フィレンツェ）	93
サンタ・マリア・ディ・ピアッツァ教会（トリノ）	157
サンタ・マリア・デッラ・ピエーヴェ教会（アレッツォ）	54、66
サンタ・マリア・デル・フィオーレ大聖堂（フィレンツェ）	89、90
サンタ・マリア・ノヴェッラ教会（フィレンツェ）	72、86、98、101
サンタ・マリア・フォリスポルタム教会（ルッカ）	62、63
サン・タンジェロ教会（ペルージャ）	21、22
サン・タンドレア教会（ピストイア）	53
サン・タンドレーア教会（マントヴァ）	99、100、101
サン・タンブロージョ教会（ミラノ）	28、29
サンティーヴォ・アッラ・サピエンツァ礼拝堂（ローマ）	142
サンティッシマ・トリニタ・ディ・サッカルジャ教会	

項目	ページ
（サルデーニャ）	67
サンティ・ニコロ・エ・カタルド教会（レッチェ）	136
サントゥアリオ・デッラ・ヴィジタツィオーネ（ヴァッリノット）	158
サントゥアリオ・デッラ・コンソラータ（トリノ）	150
サント・ステファノ・ロトンド教会（ローマ）	20、24
サント・スピリト教会（フィレンツェ）	91、101
サン・トメ教会（アルメンノ、ベルガモ近く）	16
サン・ドメニコ教会（マルティーナ・フランカ）	138
サン・ニコラ教会（バーリ）	37-39、44、46
サン・パオロ・ア・リーパ・ダルノ教会（ピサ）	58
サン・バルトロメオ・イン・パンターノ教会（ピストイア）	53
サン・ピエトロ・イン・モントリオ教会（ローマ）	18
サン・ピエトロ教会（ピストイア）	53
サン・ピエトロ教会（ローマ）	104、156
サン・ピエトロ・ソマルディ教会（ルッカ）	61
サン・フィリッポ教会（トリノ）	153
サン・フランチェスコ教会（アッシジ）	72
サン・フランチェスコ教会（リミニ）	102、103
サン・フレディアーノ教会（ルッカ）	63
サン・ペトローニオ教会（ボローニャ）	71
サン・ベルナルディーノ礼拝堂（ペルージャ）	88
サン・ベルナルディーノ教会（ラクイラ）	85
サン・マッテオ教会（レッチェ）	136
サン・マルコ教会（バーリ）	40、41
サン・マルコ修道院（フィレンツェ）	93
サン・マルティーノ教会（マルティーナ・フランカ）	138
サン・ミケーレ・イン・フォロ教会（ルッカ）	60、61
サン・ミニアート教会（フィレンツェ）	99
サン・ミニアート・アル・モンテ教会（フィレンツェ）	29
サン・ロレンツォ教会（トリノ）	148
サン・ロレンツォ教会（フィレンツェ）	90、91、101
シエナ	54、71、73、78、81-84、105
ジェノヴァ	55
シチリア	29、127
捨子養育院（フィレンツェ）	91
スーペルガ聖堂（トリノ）	154、155

●タ行

項目	ページ
ターラント	35、43、132
チェッポ施療院（ピストイア）	87
チステルニーノ	126
テンピオ・デッラ・コンソラツィオーネ（トーディ）	18
ドゥオーモ（オルヴィエート）	79、80
ドゥオーモ（コンヴェルサーノ）	47
ドゥオーモ（サン・サビーノ大聖堂、バーリ）	39
ドゥオーモ（サン・マルティーノ大聖堂、ルッカ）	
ドゥオーモ（シエナ）	53、59
	77、81-83
ドゥオーモ（トラーニ）	34、41-43、46
ドゥオーモ（ピストイア）	53、63-65
ドゥオーモ（ビトント）	44、45
ドゥオーモ（広場、ピサ）	49、56、57、61
ドゥオーモ（ペルージャ）	71
ドゥオーモ（ミラノ）	72、73
ドゥオーモ（モノーポリ）	139
ドゥオーモ（ルーヴォ）	43、44
ドゥオーモ（レッチェ）	134
ドゥオーモ・ヴェッキオ（サン・コッラード教会、モルフェッタ）	46、47
ドゥオーモ・ヴェッキオ（ロトンダ教会、ブレッシャ）	16、24、25
ドゥカーレ宮（マルティーナ・フランカ）	133
トゥルッリ	124、125
トスカーナ（地方）	52、54-56、76、132
トラーニ	35、41-43
トリノ	102、143、144、146、147、148-157

●ナ・ハ行

項目	ページ
ナポリ	127
パドヴァ	118
パラッツォ・ヴェッキオ（フィレンツェ）	72、86
パラッツォ・デル・テ（マントヴァ）	106、107
パラッツォ・マッシモ・アッレ・コロンネ（ローマ）	105
バーリ	31、34、35、37-41、124、139
バルジェッロ（フィレンツェ）	86
バルレッタ	35
パンテオン（ローマ）	12-15、56、104、118
ピエモンテ（州）	143、145
ピエンツァ	94
ピサ	48-55、56-58、63
ピサの斜塔	56、58
ピストイア	52、63-65
ビトント	44、45
フィリッピーニ教会（ローマ）	138
フィレンツェ	29、51-54、74、75、86、88-91、96〜99、104
フォッジャ	124
ブラ	158、159
プーリア（地方）	30-32、34、42、43、46、48、124、126-128、131、132、139
ブリンディジ	31、35、124、139
ブレッシャ	16、24、25
ペルージャ	21-23、74
ポデスタ宮（フィレンツェ）	86

●マ行

マダマ宮（トリノ）	146、152
マルケ州	77
マルティーナ・フランカ	124、128、132、133、137、138
マントヴァ	16、24、106、99-102
ミラノ	28、84
メディチ邸館（フィレンツェ）	92、98
モノーポリ	35、132、139
モリーゼ州	77
モルフェッタ	34、46

●ラ行

ラヴェンナ	17
ラウレンツィアーナ図書館（フィレンツェ）	105
ラクィラ	71、73、77、78、83-85
ラツィオ州	77
ラテラノ洗礼堂→サン・ジョヴァンニ・イン・ラテラノ大聖堂（ローマ）	
リミニ	102、103
ルーヴォ	43、44
ルッカ	51-53、59-63
ルチェッライ邸館（フィレンツェ）	94、96-98
レッチェ	43、124、126、128-131、133、134-137
ロコロトンド	126
ロトンダ（ブレッシャ）→ドゥオーモ・ヴェッキオ（ブレッシャ）	
ロトンダ教会（サン・ロレンツォ教会、マントヴァ）	16、24
ローマ	19-21、53、77、87、104、108、143
ロマーニャ地方	53
ロンバルディア（地方）	16、29、32、54、63、70、130

〈人名〉

●ア行

アナクレトゥス2世	50
アメデオ・ディ・カステッラモンテ	150
アルノルフォ・ディ・カンビオ	79、90
アルフォンソ5世（ナポリ王、アルフォンソ1世）	127
アルベルティ、レオン・バッティスタ	24、88、92-94、96、98、99、101-103、106、110
アレッシ、ガレアッツォ	104
アンテーラミ	67
アントニオ・ダ・サンガッロ	104
インディア、ベルナルディーノ	114
インノケンティウス2世	50
ヴィットーネ、ベルナルド・アントニオ	145-147、157
ヴィットーリオ・アメデオ2世	146、152、156
ヴィットーリオ・エマヌエーレ2世	143
ウィトルウィウス	10、86、94、108
ヴィニョーラ	104
ヴェロネーゼ、パオロ	119、121
ウグッチョーネ、ジョヴァンニ	79
ウルバヌス4世	79
エレンベルト	66

●カ行

カネーラ、アンセルモ	114
カール1世	74
カルロ1世（シャルル・ダンジュー）	75、127
カルロ7世（ナポリ王）	127
カルロ・エマヌエーレ2世	144
ガローヴェ、ミケランジェロ	146
ギスカール、ロベール	47
グァリーニ、グァリーノ	145-148、150、156
グイデット・ダ・コモ	59
グレゴリウス7世	50
ゲラシウス2世	56
コスタンティーノ1世（ラコンの）	67
ゴドフロワ	47
コーラ・ダマトリーチェ	85
コルナーロ、アルヴィーゼ	112
ゴンザーガ、フェデリーコ	99、106
コンスタンティヌス帝	10、13、19
コンラート4世	78

●サ行

サンソヴィーノ	104
ジンバロ、ジュゼッペ	134

シンプリキウス	20
セルリオ	108

●タ行

タレンティ、フランチェスコ	90
タンクレディ（レッチェ伯、シチリア王）	137
ツッカリ、フェデリーコ	104
ディオティサルヴィ	58
テオドシウス帝	13
デッラ・ポルタ、ジャコモ	104
ドゥッチョ、アゴスティーノ・ダントニオ・ディ	102
トリッシノ、ジャンジョルジョ	108

●ナ・ハ行

ニコラウス5世	93
バッティスタ、マリア・ジョヴァンナ	152
パッラディオ	104、107-110、112-115、117-124
ハドリアヌス帝	12
バロンチェッリ	150
ピサーノ、ジョヴァンニ	58、81、82
ピサーノ、ニコラ	58、81
ピピン	74
フィリップ・ダンジュー	132
フィリベルト、エマヌエーレ	150
フェデリーコ2世（フリードリヒ2世）	34、35、78、79、127
フォンターナ、カルロ	146
ブスケート	56、57
ブラマンテ	18、104、108
フリードリヒ1世（バルバロッサ）	51、55
ブルネッレスキ、フィリッポ	88、90、92、101、103
ブロンツィーノ	104
ベヴィニャーテ、フラ・	79
ペルッツィ、バルダッサーレ	104、105
ベルニーニ、ジャン・ロレンツォ	131、141、145、146
ボッロミーニ、フランチェスコ	131、136、138、141、145、146
ボンタレンティ、ベルナルド	104
ポントルモ	104

●マ行

マイターニ、ロレンツォ	79
マッテオ・デ・パスティ	102
マティルダ（カノッサの）	24、52
マデルノ、カルロ	141
マラテスタ、シジスモンド	102
マンフレーディ	127

ミケランジェロ、ブオナローティ	104、106、156
ミケロッツォ・ディ・バルトロ	92、94、98
メディチ、ジョヴァンニ・デ	91

●ヤ・ラ行

ユヴァッラ、フィリッポ	102、145-147、151-153、156
ユリウス2世	104
ラファエロ	104、106
ラルドゥッチ、ジョヴァン・アンドレア	136
リゴーリオ、ピッロ	104
リッカルディ、ガブリエーレ	135、136
リドルフィ、バルトロメーオ	114
ルチェッライ、ジョヴァンニ	98
ルドヴィーコ2世（ゴンザーガ家）	101
レオ10世	104
ロッセッリーノ、ベルナルド	93、98
ロッビア、アンドレア・デッラ・	64
ロマーノ、ジュリオ	104、106、107

執筆者紹介

池上　俊一　いけがみ　しゅんいち

1956年生。東京大学大学院人文科学研究科博士課程（西洋史学専攻）中退。現在、東京大学大学院総合文化研究科教授。
主要著書：『動物裁判』（講談社 1990）、『狼男伝説』（朝日新聞社 1992）、『ロマネスク世界論』（名古屋大学出版会 1999）、『シエナ──夢見るゴシック都市』（中央公論新社 2001）、『世界の食文化15 イタリア』（農文協 2003）、『ヨーロッパ中世の宗教運動』（名古屋大学出版会 2007）など。

大村　次郷　おおむら　つぐさと

1941年生。多摩芸術学園写真科及び青山学院大学卒業。写真家・濱谷浩氏に師事。
主にオリエント、インド、中国、トルコなどを中心にフォト・ルポルタージュを手掛ける。NHKドキュメンタリー番組「シルクロード」その他のスチールを担当。
主要著書：『新アジア漫遊』（朝日新聞社　1994）、『世界歴史の旅　北インド・南インド』（辛島昇・坂田貞二編、山川出版社　1999）、『シリーズ　アジアをゆく　海のシルクロード』（辛島昇著、集英社　2000）、『アジャンタ壁画』（高田修監修、日本放送出版協会 2000）

世界歴史の旅　イタリア──建築の精神史

2009年7月20日　1版1刷　印刷
2009年7月30日　1版1刷　発行

著　者　池上　俊一・大村　次郷
発行者　野澤伸平
発行所　株式会社　山川出版社
　　　　〒101-0047　東京都千代田区内神田1-13-13
　　　　電話　03(3293)8131（営業）　8134（編集）
　　　　http://www.yamakawa.co.jp/
　　　　振替　00120-9-43993

印刷・製本　アベイズム株式会社
装　幀　菊地信義
本文レイアウト　佐藤裕久

©Shunichi Ikegami 2009　Printed in Japan　ISBN 978-4-634-63372-8
●造本には十分注意しておりますが、万一、乱丁本などがございましたら、小社営業部宛にお送りください。送料小社負担にてお取り替えいたします。
●定価はカバーに表示してあります。

イタリア

1:4,800,000

0　50　150km

- ヴェネツィア
- トリノ
- ヴァッリノット
- ピエモンテ
- コモ
- ロンバルディア
- ミラノ
- ベルガモ
- クレモナ
- ブレシア
- マントヴァ
- ヴィチェンツァ
- パドヴァ
- エミーリア＝ロマーニャ
- ボローニャ
- ラヴェンナ
- フェラーラ
- リミニ
- ジェノヴァ
- リグーリア
- ルッカ
- ピストイア
- プラート
- フィレンツェ
- ピサ
- シエナ
- アレッツォ
- ピエンツァ
- トスカーナ
- オルヴィエート
- サン・マリーノ
- マルケ
- ペルージャ
- アッシジ
- アブルッツォ
- ラツィオ
- リグーリア海
- アドリア海
- コルシカ（コルス）島

45°

15°

12°

9°

42°